国学国艺必读丛书

孙子兵法

册二

北京联合出版公司

［百世兵家之祖］

形篇第四

曹操曰：军之形也，我动彼应，两敌相察，情也。〇李筌曰：形谓主客、攻守、八阵、五营、阴阳、向背之形。〇杜牧曰：因形见情。无形者情密，有形者情疏；密则胜，疏则败也。〇王皙曰：形者，定形也，谓两敌强弱有走形也。善用兵者，能变化其形，因敌以制胜。〇张预曰：两军攻守之形也。隐于中，则人不可得而知；见于外，则敌乘隙而至。形因攻守而显，故次《谋攻》。

原文 **孙子曰：昔之善战者，先为不可胜**①，**以待敌之可胜**②。

张预曰：所谓知己者也。

曹操曰：守，固备也。

梅尧臣曰：藏形内治，伺其虚懈。〇张预曰：所谓知彼者也。**不可胜在己，可胜在敌**③。

曹操曰：自修理，以待敌之虚懈也。〇杜牧曰：自整军事，长有待敌之备；闭迹藏形。使敌人不能测度。因伺敌人有可乘之便，然后出而攻之。〇杜佑曰：先咨之庙堂，虑其危难，然后高垒深沟，使兵练习，以此守备之，故待敌之阙，则可胜之。言制敌在外，故自修理，以候敌之虚懈；已见敌有阙漏之形，然后可胜。〇王皙曰：不可胜者，修道保法也；可胜者，有所隙耳。〇张预曰：守之故在己，攻之故在波。**故善战者，能为不可胜，**

杜牧曰：不可胜者，上文注解所谓修整军事、闭形藏迹是也。此事在己，故曰能为。〇张预曰：藏形晦迹，居常严备，则己能焉。**不能使敌之可胜**④。

杜牧曰：敌若无形可窥，无虚懈可乘，则我虽操可胜之具，亦安能取胜敌乎？〇贾林曰：敌有智谋，深为己备，不能强令（今）不己备。〇杜佑曰：若敌晓练军事（在己，故练兵士），策与道合；深为备者，亦不可强胜之。〇梅尧臣曰：在己故能为，在敌故无必。〇王皙曰：在敌不在我也。〇张预曰：若敌强弱之形，不显于外，则我岂能必胜于彼。**故曰：胜可**

知，曹操曰：见成形也。〇杜牧曰：知者，但能知己之力，可以胜敌也。〇陈皞曰：取胜于形，胜可知也。**而不可为**⑤。曹操曰：敌有备故也。〇杜牧曰：言我不能使敌人虚懈，为我可胜之资。〇贾林曰：敌若隐而无形，不可强为胜败。〇梅尧臣曰：敌有阙则可知，敌无阙则不可大。〇何氏曰：可知之胜在我，我有备也；不可为之胜在敌，敌无形也。〇张预曰：己有备则胜可知，敌有备则不可为。

注釋　①先为不可胜：此句意谓先创造条件，使敌人不能战胜自己。为，造成、创造。敌不可胜，使敌人不可能战胜自己。②以待敌之可胜：待，等待、寻找、捕捉的意思。敌之可胜，指敌人可以被我战胜的时机。③不可胜在己，可胜在敌：指创造不被敌人战胜的条件，在于自己主观的努力，而敌方是否能被战胜，取决于敌方自己的失误，而非我方主观所能决定。④能为不可胜，不能使敌之可胜：能够创造自己不为敌所胜的条件，而不能强令敌人一定具有可能被我战胜的时机。⑤胜可知，而不可为：意谓胜利可以预测，而不能强求。知，预知、预见。为，强求。

譯文　孙子说：从前那些擅长用兵打仗的人，总是预先创造不被敌人战胜的条件，来等待可以战胜敌人的时机。做到不被敌人战胜，全靠自己的努力；能否战胜敌人，则在于敌人是否让自己有机可乘。所以，擅长用兵打仗的人，能够做到自己不被敌人战胜，而不能做到使敌人必定被自己战胜。所以说：胜利是可以预见的，但是不可单凭主观愿望而强求。

原文　**不可胜者，守也；**曹操曰：藏形也。〇杜牧曰：言未见敌人有可胜之形，己则藏形，为不可胜之备』；以自守也。○杜佑曰：藏形也。若未见其形，彼众我寡，则自守也，梅尧臣曰：且有待也。○何氏曰：未见敌人形势虚实，有可胜之理，则宜固守。○张预曰：知己未可以胜，则守其气而待之。**可胜者，攻也①。**曹操曰：敌攻己，乃可胜。○杜牧曰：敌人有可胜之形，则当出而攻之。○杜佑曰：敌攻己，乃可胜也。己见其形，彼寡我众，则可攻。○梅尧臣曰：见其阙也。○王晳曰：守者以于胜不足，攻者以于胜有余。○张预曰：知彼有可胜之理，则攻其心而取之。**守则不足，攻则有余②。**曹操曰：吾所以守者，力不足也；所以攻者，力有余也。○李筌曰：力不足者可以守，力有余者可以攻也。○梅尧臣曰：守则知力不足，攻则知力有余。**善守者，藏于九地之下；善攻者，动于九天之上③，故能自保而全胜④也。**曹操曰：因山川丘陵之固者，藏于九地之下；因天时之变者，动于九天之上。○杜佑曰：善守备者，务因其山川之阻，丘陵之固，使不知所攻；言其深密，藏于九地之下，善攻者，务因天时地利水火之变，使敌不知所备。言其雷震发动，若于九天之上也。○梅尧臣曰：九地，言深不可知；九天，言高不可测。盖守备密而攻取迅也。

注釋 ①不可胜者，守也；可胜者，攻也：意谓使敌人不能胜我，在于我方防守得好；而战胜敌人，则取决于我方进攻得当。②守则不足，攻则有余：采取防守的办法，是因为自己的力量处于劣势；采取进攻的办法，是因为自己的力量处于优势。③『九地、九天』句：此句言善于防守的人，能够隐蔽军队的活动，如藏物于极深之地下，令敌方莫测虚实；善于进攻的人，进攻时能做到行动神速、突然，如同从九霄飞降，出其不意，迅猛异常。九地，形容地深不可知；九天，形容天高不可测。九，虚数，代指多，古人常把『九』用来表示数的极点。④自保而全胜：保全自己而战胜敌人。

譯文 当无法战胜敌人时，应该注重防守；当可能战胜敌人时，则应该采取进攻。实行防守，是因为实力不如对方，取胜的条件不充分；采取进攻，是因为实力强大，取胜的条件绰绰有余。善于防守的军队，隐蔽自己就像藏于深不可知的地下一样，无迹可寻；善于进攻的军队，展开兵力就像从九霄突然降下，势不可挡。所以，防守时可确保无误，攻击时定可大获全胜。

董卓议立陈留王

董卓早年为汉将，拥兵自重，驻兵河东，正逢京都大乱，趁机进京，控制中央政权。之后董卓废汉少帝，立献帝，掌控天下。

釋例一 188年，后汉凉州贼王国围陈仓，左将军皇甫嵩督前将军董卓各率二万兵救援。董卓想加速进赴陈仓，皇甫嵩不听。董卓说：『速救则城全，不救则城灭。』皇甫嵩说：『不然，百战百胜，不如不战而屈人之兵。是以先为不可胜，以待敌之可胜。彼守不足，我攻有余。今陈仓虽小，城守固备。王国虽强，而攻我之所不救，非九天之势。势非九天，攻者受害；陷非九地，守者不拔。王国今已陷受害之地，而陈仓保不拔之城，我可不烦兵动众，而取全胜之功，为何要去救援呢？』于是不听董卓之议。王国围陈仓八十余天，城坚守固而不能拔。贼众疲敝，果然自解而退。皇甫嵩待敌衰而进兵攻击，连战大破敌众，王国被杀于乱军中。

原文

见胜不过众人之所知①**，非善之善者也；** 曹操曰：当见未萌。○杜牧曰：众人之所见，破军杀将，然后知胜。我之所见，庙堂之上，樽俎之间，已知胜负者矣。○贾林曰：守必固，攻必克，能自保全而常不失；胜见未然之胜，善知将然之败，谓实微妙通玄，非众人之所见也。○孟氏曰：当见未萌。言两军已交，虽料见胜负，策不能过绝于人，但见近形非远。**战胜而天下曰善，非善之善者也。** 曹操曰：争锋也。○李筌曰：争锋力战，天下易见，故非善也。○杜牧曰：天下，犹上文言众也。言天下人皆称战胜者，故破军杀将者也。我之善者，阴谋潜运，攻必伐谋，胜敌之日，曾不血刃。**故举秋毫不为多力**②**，见日月不为明目，闻雷霆不为聪耳**③**。** 曹操曰：易见闻也。○李筌曰：易见闻也。以为攻战胜，而天下不曰善也。夫智能之将，人所莫测，为之深谋，故孙武曰：『难知如阴也。』○王皙曰：众人之所知不为智，力战而胜人不为善。○张预曰：入皆能也。引此以喻众人之见胜也。秋毫谓兔毛，至秋而劲细；言至轻也。**古之所谓善战者，胜于易胜者也**④**。** 曹操曰：原微易胜，攻其可胜，不攻其不可胜也。○杜牧曰：敌人之谋，初有萌兆，我则潜运以能攻之；用力既少，制胜既微，故曰易胜也。○梅尧臣曰：力举秋毫，明见日月，聪闻雷霆，不出众人之所能也。故见于著，则胜于艰；见于微，则胜于易。**故善战者之胜也，无智名，无勇功。** 曹操曰：敌兵形未成，胜之无赫赫之功也。〇李筌曰：胜敌而天下不知，何智名之有？〇张预曰：阴谋潜运，取胜于无形，天下不闻料敌制胜之智，不见搴旗斩将之功，若留侯未尝有战斗功是也。**故其战胜不忒**⑤，李筌曰：百战百胜，有何疑贰也。此筌以忒字为贰也。〇陈皞曰：筹不虚运，策不徒发。〇张预曰：力战而求胜，虽善者亦有败时。既见于未形，察于未成，则百战百胜，而无一差忒矣。**不忒者，其所措⑥必胜，胜已败者也**⑦。曹操曰：察敌必可败，不差忒也。〇李筌曰：置胜于已败之师，何忒焉？师老卒情，法令不一，谓已败也。〇杜牧曰：措，犹置也。忒，差忒也。我能置胜不忒者何也？盖先见敌人已败之形，然后攻之，故能致必胜之功，不差忒也。〇张预曰：所以能胜而不差者，盖察知敌人有必可败之形，然后措兵以能之云耳。**故善战者，立于不败之地，而不失敌之败也**。李筌曰：兵得地者昌，先地者亡。地者，要害之地。秦军败赵，先据北山者胜；宋师伐燕，过大岘而胜。皆得其地也。〇杜牧曰：不败之地者，为不可胜之计，使敌人必不能败我也。不失敌人之败者，言窥伺敌人可败之形，不失毫发也。〇王皙曰：常为不可胜，待敌可胜，不失其机。**是故胜兵先胜而后求战**⑧，**败兵先战而后求胜**⑨。曹操曰：有谋与无虑也。〇贾林曰：不知彼我之情，阵兵轻进，意虽求胜，而终自败也。〇梅尧臣曰：可胜而战，战则胜矣；未见可胜，胜可得乎？〇何氏曰：凡用兵先定必胜之计，而后出军。若不先谋，唯欲恃强，胜未必也。**善用兵者，修道而保法**⑩，**故能为胜败之政**⑪。曹操曰：善用兵者，先自修治为不可胜之道，保法度不失敌之败乱也。〇杜牧曰：道者，仁义也；法者，法制也。善用兵者，先修理仁义，保守法制，自为不可胜之政，伺敌有可败之隙，则攻能胜之。〇贾林曰：常修用兵之胜道，保赏罚之法度，如此则常为胜，不能则败，故曰胜败之政也。

木门道弩射张郃

诸葛亮五出祁山败退，张郃执意要追赶，司马仲达拦阻不了便让其单独追赶，结果郃中了埋伏，冤死山头。

注釋

①见胜不过众人之所知：见，预见。不过，不超过。众人，普通人。知，认识。②举秋毫不为多力：秋毫，兽类在秋天新长的毫毛，比喻极轻微的东西。多力，力量大。③闻雷霆不为聪耳：能听到雷霆之声算不上耳朵灵敏。④胜于易胜者也：战胜容易打败的敌人（指已暴露弱点之敌）。⑤不忒：即没有差错。忒，失误，差错。⑥措：筹措、措施。此处指采取作战措施。⑦胜已败者也：战胜业已处于失败地位的敌人。⑧胜兵先胜而后求战：此句意谓能取胜的军队，总是先创造取胜的条件，然后才同敌人决战。胜兵，胜利的军队。先胜，先创造不可被敌战胜的条件。⑨败兵先战而后求胜：指失败的军队总是贸然开战，然后企求侥幸取胜。⑩修道而保法：此句意谓修明政治，确保各项法制的贯彻落实。道，政治、政治条件。法，法度、法制。⑪故能为胜败之政：意谓胜败之政，即成为胜败上的主宰。政，同『正』，引申为主宰的意思。

譯文

预见胜利不超过一般人的见识，不能算是高

明中最高明的；打了胜仗而普天之下都说好的，还不是最理想的胜利。这就像能举起秋毫那样细小的东西算不上力气大，能看见太阳月亮算不上眼睛明亮，能听见雷霆的声音算不上耳朵灵敏一样。古时候所说的善于用兵打仗的人，是指那些总能战胜容易被打败的敌人的人。因此，这些擅长用兵打仗的人取得了胜利，没有足智多谋的名声，也没有背负勇猛善战的誉称。这是因为他们的胜利不是偶然的，绝对不会有差错的；之所以不会有差错，是由于他们所采用的作战方针建立在必胜的基础上，战胜的是那些已经陷于必败境地的敌人。所以，擅长用兵打仗的人，总是使自己立于不败之地，而从不放过任何可以打败敌人的机会。因此，打胜仗的军队总是先取得必胜的条件，然后才寻找机会与敌人交战；打败仗的军队总是先与敌人交战，然后在战争中企图侥幸取胜。善于用兵打仗的人，能够修明政治，确保法度，所以能够掌握决定战争胜负的主动权。

释例二 前61年，汉宣帝派赵充国去平定西羌。赵充国到了金城，先零羌天天来挑战，赵充国只守不战。先零羌认为赵充国只是来防守的，就慢慢地放松下来。赵充国看准了机会，突然向先零羌打过去，杀得西羌兵马一败涂地。汉军掳到了牛、羊十万多头，车四千多辆。

原文 **兵法：一曰度**①，贾林曰：度，土地也。王皙曰：丈尺也。**二曰量**②，贾林曰：量，人力多少，仓廪虚实。〇王皙曰：斗斛也。**三曰数**③，贾林曰：算数也。以数推之，则众寡可知，虚实可见。○王晳曰：百千也。**四曰称**④，贾林曰：既知众寡，兼知彼我之德业轻重，才能之长短。○王晳曰：权衡也。**五曰胜**。曹操曰：胜败之政，用兵之法，当以此五事称量，知敌之情。○张预曰：此言安营布阵之法也。李卫公曰：『教士犹布棋于盘，若无画路，棋安用之？』**地生度**⑤，曹操曰：因地形势而度之。○李筌曰：既度有情，则量敌而御之。○梅尧臣曰：因地以度军势。**度生量**⑥，杜牧曰：量者，酌量也。言度地已熟，然后能酌量彼我之强弱也。○梅尧臣曰：因度地以量敌情。○王晳曰：谓量有大小。言既知远近之计，则须更量其敌之大小也。何氏曰：量酌彼己之形势。**量生数**⑦，曹操曰：知其远近广狭，知其人数也。○李筌曰：量敌远近强弱，须备士卒军资之数而胜也。○杜牧曰：数者，机数也。育强弱已定，然后能用机变数也。○张预曰：地有远近广狭之形，必先度知之；然后量其容人多少之数也。**数生称**⑧，曹操曰：称量敌孰愈也。○杜牧曰：称，校也。机权之数已行，然后可以称校彼我之胜负也。○梅尧臣曰：因数以权轻重。**称生胜**⑨。曹操曰：称量之数，知其胜负所在。○王晳曰：重胜轻也。○陈皞、杜佑（李筌）同杜牧上五事注。○何氏曰：上五事，未战先计必胜之法。故孙子引古法以疏胜则之要也。○张预曰：称，宜也。地形与人数相称，则疏密得宜，故可胜也。○尉缭子曰：『无过在于度数』。度谓尺寸，数谓什伍。度以量地，数以量兵。地与兵相称则胜。五者皆因地形而得，故自地而生之也。李靖五阵随地形而变是也。**故胜兵若以镒称铢**⑩，梅尧臣曰：力易举也。**败兵若以铢称镒**。曹操曰：轻不能举重也。○李筌曰：二十两为镒。铢之于镒，轻重异位；胜败之数，亦复如之。○梅尧臣曰：力难制也。○王晳曰：言铢镒者，以明轻重之至也。○张预曰：二十两为镒，二十四铢为两。此言有制之兵，对无制之兵，轻重不侔也。**胜者之战民**⑪**也，若决积水于千仞之谿**⑫**者**，

形⑬也。 曹操曰：八尺曰仞。决水千仞，其高势疾也。〇李筌曰：八尺曰仞，言其势也。杜预伐吴，言兵如破竹，数节之后，皆迎刃自解。则其义也。〇梅尧臣曰：水决千仞之溪，莫测其迅；兵动九天之上，莫见其迹。此军之形也。〇王皙曰：千仞之溪，至峭绝也；喻不可胜对可胜之形。乘机攻之，决水是也。

注釋 ①度：指土地幅员的大小。②量：容量、数量，指物质资源的数量。③数：数量、数目，指兵员的多寡。④称：衡量轻重，指敌对双方实力状况的衡量对比。⑤地生度：此句言双方所处地域的不同，产生土地幅员大小不同的『度』。生，产生。⑥度生量：指因度的大小不同，产生物质资源多少的『量』的差异。⑦量生数：指物质资源多少的不同，产生兵员多寡的『数』的差异。⑧数生称：指兵力多寡的不同，产生军事实力的对比和强弱的不同。⑨称生胜：指双方军事实力对比的不同，产生、决定了战争由何方取胜。⑩以镒称铢：此处比喻力量相差悬殊，胜兵对败兵拥有实力上的绝对优势。镒、铢，古代的重量单位。一镒等于二十四两，一两等于二十四铢；铢轻镒重，相差悬殊。⑪战民：指统军指挥士卒作战。民，作『人』解，这里借指士卒、军队。⑫千仞之谿：千仞，比喻极高。仞，古代的长度单位，七尺（也有说八尺）为一仞。谿，山涧。⑬形：指军事实力。

譯文 兵法中，用来衡量胜负的因素，一是『度』，二是『量』，三是『数』，四是『称』，五是『胜』。敌我双方所处地域的不同，产生土地幅员大小的『度』；敌我土地面积的大小，产生双方人口和物质资源多少的『量』；敌我人口和物质资源的不同，产生双方军队和兵员多少的『数』；敌我军队和兵员的不同，产生双方军事实力强弱的『称』；敌我军事实力的不同，最终决定了战争的谁胜谁负。所以，胜利的军队对于失败的军队，就像用镒与铢相比较，占有绝对优势；而失败的军队对于胜利的军队，就像用铢与镒相比较，处于绝对的劣势。打胜仗的一方，指挥士兵作战，就像从万丈高山顶上决开积蓄起来的水流，顺山涧直泻而下，其势锐不可当。这正是强大实力的表现。

結語 《形篇》的『形』，当谓军事实力。军事实力既然客观存在，其状况就会有所表现，如众寡、强弱等。『军之形也。我动彼应，两敌相察，情也』（曹操注）。『情』，军情，即军事实力状况的计算与对比，从而知战争胜负。本篇所提出的『立于不败之地』的『自保而全胜』策略，就是靠着修明政治、合理运筹而实现。我国古代的军事运筹产生于孙子，是世所公认的。

兵法與商道 修道保法，以诚相待

孙子在《形篇》中指出：『善用兵者，修道而保法，故能为胜败之政。』可见『修道而保法』是作战的一个重要原则，使用这种策略能成为胜败的主宰。在商业竞争中，『修道而保法』也是用来战胜竞争对手的重要手段。

曼谷东方饭店以其超一流的服务享誉全球。该饭店管理者提出了这样几条服务原则：一、顾客永远是正确的，绝不允许任何员工与顾客吵架；二、必须满足顾客一切正当要求，要热情周到地为顾客解决困难；三、要使每一位顾客感到亲切、新鲜，顾客每到一个楼层，服务员应当立刻上前打招呼。每个周四，都由客房部主管出面宴请在此居住一周以上的客人，并与他们谈心，征求意见，营造一种家人团聚的氛围。饭店的全体员工在这里都会感觉到一种荣誉感，大家都希望让每一位顾客感到满意，以便下次再来。

饭店的管理也十分严格，要求员工必须按规章制度办事。饭店编了一本厚达一百四十页的《工作细则》，发给工作人员人手一册。《细则》对员工的言谈举止和各个岗位的职责都作出了十分明确的规定，并说明各种不同情况的奖惩办法。对于有意冲撞顾客，对顾客表现出粗鲁、傲慢、冷淡、无理或败坏饭店名誉等二十一条严重错误，只要触犯其中任何一条，就要受到开除处理。这种以顾客为中心的管理方法，就是对《孙子兵法》中『修道而保法』的思想的运用。正因为如此，该店声誉越来越好。1982年，应美国《国际投资者》杂志邀请，一百多位国际知名企业家，评出了四十家国际最佳饭店，曼谷东方饭店荣登榜首。到了1984年9月，曼谷东方饭店第四次获得该项殊荣，经济效益也随之迅速上升。

可见，在商场中，按照『修道而保法』的策略行事，就会在激烈的市场竞争中树立良好的信誉，赢得客户的青睐，使顾客盈门，效益大增；反之，如果经营者信誉不好，违法乱纪，那么不仅会受到顾客的唾弃，舆论的谴责，甚至还会受到政府部门的取缔和制裁，陷入十分危险的境地。

王永庆舍小利存大义

世界塑胶大王——台湾塑胶公司董事长王永庆是有名的『经营之神』、『台湾企业的救星』。他始终坚持『人人为我，我为人人』的信念，主张企业做买卖一定要做到利己利人。因为买卖双方都要生存，都要发展，都要赚钱，因此只有精诚合作，互惠互利，决不能为了自己赚钱而不管对方死活。因此，他深得用户欢迎。1986年台币升值，从原来的40元兑1美元升到37元兑1美元。他亲自召开了关于与客户共度冲击的会议，决定台币升值的汇兑损失由台塑来承担。这样台塑每日至少损失1亿元（折合300万美元）。但台塑集团把这部分损失靠内部管理消化，使这一年仍获利非浅，不仅发展了自己，也保护了别人，奠定了与客户合作的基础，财源滚滚而来。这就是方便别人，也方便自己；帮助别人，自己也受益。王永庆就是这样『修道而保法』，从而使自己立于不败之地。

势篇第五

原文 **孙子曰：凡治众如治寡①，分数②是也；**曹操曰：部曲为分，什伍为数。○李筌曰：善用兵者，将鸣一金，举一旌，而三军尽应；号令既定，如寡焉。○陈皞曰：若聚兵既众，即须多为部伍，部伍之内，各有小吏以主之；故分其人数，使之训齐决断，遇敌临阵，授以方略，则我统之虽众，治之益寡。○孟氏曰：分，队伍也；数，兵之大数也。分数多少，制置先定。○梅尧臣曰：部伍奇正之分数，各有所统。○王皙曰：分数，谓部曲也。偏稗各有部，分与其人数，若师、旅、卒、两之属。**斗众③如斗寡，形名④是也；**曹操曰：旌旗曰形，金鼓曰名。○陈皞曰：夫军士既众，分布必广，临阵对敌，递不相知，故设旌旗之形，使各认之。进退迟速，又不相闻，故设金鼓以节之。所以令之曰：『闻鼓则进，闻金则止。』曹说是也。○梅尧臣曰：形以旌旗，名以采章，指麾应速，无有后先。○王皙曰：曹公曰：『族旗曰形，金鼓曰名。』皙谓形者，施旗金鼓之制度；名者，各有其名号也。**三军之众，可使必⑤受敌而无败者，奇正⑥是也；**曹操曰：先出合战为正，后出为奇。○杜牧曰：解在下文。○贾林曰：当敌以正阵取胜，以奇兵前后左右俱能相应，则常胜而不败也。○梅尧臣曰：动为奇，静为正；静以待之，动以胜之。○王皙曰：必当作毕，字误也。奇正还相生，故毕受敌而无败也。○尉缭子曰：『今以镇铘之利，犀兕之坚，三军之众，有所奇正，则天下莫当其战矣。』**兵之所加，如以碫投卵⑦者，虚实⑧是也。**曹操曰：以至实击至虚。○李筌曰：碫实卵虚，以实击虚，其势易也。○孟氏曰：碫，石也。兵若训练至整，部领分明，更能审料敌情，委知虚实，后以兵而加之，实同以碫石投卵也。○梅尧臣曰：碫，石也，音遇。以实击虚，犹以坚破脆也。○王皙曰：锻，治铁也。○何氏曰：用兵识虚实之势，则无不胜。

注释 ①治众如治寡：此句意谓管理人数众多的部队如同管理人数很少的部队一样。治，治理，管理。②分数：此处指军队的编制。把整体分为若干部分，就叫分数，这里是指分级分层管理之意。③斗众：指挥人数众多的部队作战。斗，使……战斗。④形名：形，指旌旗。名，指金鼓。古战场上设置旗帜，由主帅高举于手中，让将士知道前进或后退等；用金鼓来节制将士或进行战斗或终止战斗。⑤必：『毕』的同音假借，意谓完全、全部。⑥奇正：古兵法常用术语，指军队作战的特殊战法和常用战法。就兵力部署而言，以正面受敌者为正，以机动突击为奇；就作战方式而言，正面进攻为正，侧翼包抄偷袭为奇；以实力围歼为正，以诱骗欺诈为奇等。⑦以碫投卵：比喻以坚击脆、以实击虚。碫，砺石，即磨刀石，代指坚硬的石头。⑧虚实：古兵法常用术语，指军事实力上的强弱、优劣。有实力为『实』，反之为『虚』；有备为实，无备为『虚』；休整良好为『实』，疲敝松懈为『虚』。此处含有以强击弱、以实击虚的意思。

譯文 孙子说：管理人数众多的军队能够像管理人数很少的军队那样应付自如，是由于军队编制和组织的合理；指挥大部队作战能够像指挥小部队作战那样得心应手，是由于旗帜鲜明、鼓角响亮，通讯联络畅通；能使全军在遭受敌人进攻时不致失败，关键在于『奇正』战术的运用，要随机应变；指挥军队进攻敌人，就像用坚硬的石头砸鸟蛋那样一击即破，关键是避实击虚策略的正确运用。

释例一　冒顿单于原是匈奴第一代单于头曼的长子。最初，冒顿被头曼立为继承人，后来，头曼偏宠后娶的阏氏所生的少子，便想废掉冒顿另立少子。于是，头曼将冒顿送到月氏做人质。冒顿刚到，头曼就率兵攻打月氏，想借月氏之手杀掉冒顿。在这个危急关头，冒顿偷了一匹宝马，逃回匈奴。头曼见冒顿勇武强壮，觉得杀了太可惜，就改变了主意，封他为万骑长。

冒顿开始仇恨父亲，并决心夺权。他发明了一种镞矢，射出时会发出响声，因此称为『鸣镝』。他向手下的士兵发令：凡是他用鸣镝射击的目标，士兵们必须跟着射，不射者斩。冒顿用鸣镝射自己的马，有不发箭者，斩；用鸣镝射自己的爱妾，有犹豫未射者，斩；后来，他用鸣镝射头曼喜爱的宝马，手下将士都随鸣镝发箭。这时，冒顿知道士卒可用了。前203年，冒顿跟随头曼狩猎，借机以鸣镝射向头曼单于，冒顿手下的士兵都随着射，头曼被射死。接着，冒顿又将他的后母、弟弟以及不服从他命令的大臣都杀掉，自己做了单于。

释例二　前154年，吴楚七国反叛朝廷。吴王刘濞拥兵入大梁。

吴王大将田禄伯说：『军队集结在一起，开往西边，没有出奇制胜的方法，难以奏效。臣愿带五万人，另外顺着长江、淮水西进，收淮南、长沙，进入武关，同大王会合。』吴王刘濞没有听从田禄伯的计谋，遂被周亚夫所败。

原文 **凡战者，以正合，以奇胜①。**曹操曰：正者当敌，奇兵从傍击不备也。○李筌曰：战无其诈，难以胜敌。○杜佑曰：正者当敌，奇者从傍击不备；以正道合战，以奇变取胜也。○梅尧臣曰：用正合战，用奇胜敌。○张预曰：两军相监，先以正兵与之合战；徐发奇兵，或捣其旁，或击其后以胜之。若郑伯御燕师，以三军军其前，以潜军军其后是也。**故善出奇者，无穷如天地，**李筌曰：动静也。**不竭如江河②。**李筌曰：通流不绝。○杜佑曰：言应变出奇无穷竭。○张预曰：言应变出奇，无有穷竭。**终而复始，日月是也；死而复生，四时是也③。**李筌曰：奇变如日月四时，亏盈寒暑不停。○杜佑曰：日月运行，入而复出；四时更互（王），兴而复废。言奇正变化，若或日月之进退，四时之盛衰也。○张预曰：日月运行，入而复出；四时更互，盛而复衰。喻奇正相变，纷缓浑饨，终始无穷也。**声不过五④，**李筌曰：宫、商、角、徵、羽也。**五声之变，不可胜听⑤也。**李筌曰：变入八音，奏乐之曲，不可尽听。**色不过五，**李筌曰：青、黄、赤、白、黑也。**五色之变，不可胜观也。味不过五，**李筌曰：酸、辛、咸、甘、苦也。**五味⑥之变，不可胜尝也。**曹操曰：自无穷如天地已下，皆以喻奇正之无穷也。○李筌曰：五味之变，庖宰鼎饪也。○杜牧曰：自无穷如天地已下，皆喻八阵奇正也。○张预曰：引五声五色五味之变，以喻奇正相生之无穷。**战势不过奇正⑦，奇正之变，不可胜穷也。**李筌曰：邀截掩袭，万途之势，不可穷尽也。○梅尧臣曰：奇正之变，犹五声五色五味之变，无尽也。○王皙曰：奇正者，用兵之钤键，制胜之枢机也。临敌运变，循环不穷，穷则败也。○孟氏曰：《六韬》云：『奇正发于无穷之源。』○张预曰：战阵之势，止于奇正一事而已；及其变而用

之，则万途千辙，乌可穷尽？**奇正相生**[8]，**如循环之无端**[9]，**孰能穷之哉**[10]？李筌曰：奇正相依而生，如环团圆，不可穷端倪也。○梅尧臣曰：变动周旋之不极。○王皙曰：敌不能穷我也。○何氏曰：奇正生而转相为变，如循历其环，求首尾之莫穷也。○张预曰：奇亦为正，正亦为奇，变化相生，若循环之无本末，谁能穷诘？』

注释

①以正合，以奇胜：此句意谓以正兵合战，以奇兵制胜。合，交战、合战。②无穷如天地，不竭如江河：喻正奇之变化有如宇宙万物之变化无穷，江河水流之不竭尽。③死而复生，四时是也：去而复来，如春、夏、秋、冬四季更替。④声不过五：声，即音乐之最基本的音阶。古代的基本音阶为宫、商、角、徵、羽五音。故此言声不过五。⑤五声之变，不可胜听：即宫、商、角、徵、羽五声的变化，听之不尽。变，变化。胜，尽、穷尽之意。⑥五味：指甜、酸、苦、辣、涩五种味道。⑦战势不过奇正：此句言作战方式归根结底就是奇正的运用。战势，指具体

关云长袭斩车胄

关羽武艺高强，与车胄单打独斗，轻松将车胄斩于刀下。可算作是正兵对阵的例子。

的兵力部署和作战方式。⑧奇正相生：意谓奇正之间相互依存、转化。⑨如循环之无端：此句言奇正之变化无始无终，永无尽头。循，顺着。环，连环。无端，无始无终。⑩孰能穷之：孰，谁。穷，穷尽。之，指奇正相生变化。

譯文 一般成功的战争，总是以『正』兵迎敌，以『奇』兵取胜。善于用奇兵取胜的将帅，他的战术变化，就好像天地的运行一样，无穷无尽；像江河的流水一样，永不停止。周而复始，这是日月运行的规律；衰而复盛，这是四季更换的法则。音调不过五种（宫、商、角、徵、羽），但五音的变化可以组成各种各样听不尽的乐曲；色素不过五种（青、赤、黄、白、黑），但五色的配合可以绘出多姿多彩看不完的图画；味道不过五种（辣、酸、涩、甜、苦），但五味的调和可以做出有滋有味尝不遍的佳肴。作战的战术方法不过『奇』（特殊战术，出奇制胜）和『正』（常规战术，按部就班）两种，但奇正的变化无穷无尽，不可胜数。奇与正的相互依存、相互转化，就像顺着圆圈旋转那样，无头无尾，无始无终，谁又能穷尽它呢？

釋例三（一）赵括的父亲赵奢是赵国著名的将领。赵奢一生领兵打仗，为赵国立下了赫赫战功。赵括在他父亲的影响之下，也非常喜爱军事，自幼就读了很多兵书。父子俩在一起，经常谈论带兵打仗的策略。每当这时，赵括总是讲得滔滔不绝，天花乱坠。他还时常引经据典，说得有板有眼，因此，别人都佩服他的口才和谋略。赵括也因此沾沾自喜，常以『将门虎子』自居。

但是，赵奢却经常说赵括只是纸上谈兵，而不能真正带兵打仗。赵奢在临终前，留下遗言：千万不能让赵括领兵，如果赵王一定要让赵括当将军，那么产生的后果一概与赵家无关。

几年以后，赵国与秦国之间发生了一场战争。前262年，秦昭王派秦将白起讨伐韩国。秦军占领了野王城，从而切断了上党郡与韩国国都的联系。韩国想割让上党郡向秦国求和，可是上党郡守冯亭不愿意降秦，于是请求赵国出兵取上党郡。

前260年，秦军夺取了上党郡，上党郡的百姓纷纷逃到了赵国。赵军驻扎在长平，以便安抚上党百姓。秦军多次向赵军进攻，赵王派老将廉颇率兵抵抗。经验丰富的廉颇根据当时敌强己弱，且初战失利的形势，下令坚守营垒。秦军多次前来挑战，赵国却始终不出兵。这令秦军一筹莫展。

这时，秦国丞相应侯范雎派人用重金向赵国的权臣行贿，使用离间计，在赵国散布流言说：『秦军最怕

曹丕五路下西川

曹丕即位后，率兵入川，想一举平定蜀国。魏军五十万分五路进攻。诸葛亮与东吴结盟，奇兵出击，魏军在阳关受阻，不能前进。僵持许久，粮草不继，曹丕只得下令退兵。

的，是赵奢之子赵括；而廉颇最容易对付，他不敢出兵，就快要投降了。』赵王本来就对廉颇坚壁固守不肯出战的做法有些不满，这时听信了流言，就让赵括代替廉颇为将，率兵击秦。

赵括被封为将军之后，洋洋得意，他向赵王夸口，说他击败秦军就如同秋风扫落叶一样。赵王听了非常高兴，赏赐了他许多钱财。赵括马上就把这些赏赐之物全部运回家中。

赵括的母亲知道以后，立即求见赵王，把赵奢临终时的遗言告诉了赵王。可赵王不以为然，坚持要让赵括当将军，但最后答应了赵母的请求：如果赵括战败，决不追究赵家的责任。

赵括带着一箱兵书来到前线，替下了老将廉颇。赵括上任以后，一改过去廉颇的部署，不仅更改了部队的制度，还大批撤换将领，使赵军的战斗力迅速下降。他还下达命令：如果秦军再来挑战，一定要主动出击，毫不手软。

秦军得知赵括当上了赵军的主将之后，暗地里把赵括最害怕的大将白起派到战场统帅秦军，决定将赵军全部歼灭。

白起非常了解赵括的本领和性格，知道他鲁莽轻敌而又高傲自恃，于是决定采取先后退诱敌，然后再分割围歼的办法。他先观察好地形，将主力安排在纵深构筑的袋形阵地中。然后派出三千人马担任诱敌的任务，结果赵括果然上当，领兵出战。在赵军进攻的时候，秦军佯败后撤，赵括在不知虚实的情况下，贸然追击秦军，结果进入了秦军的包围圈。这时白起命令两翼伏兵迅速出击，将赵军截成三段。这样赵军首尾分离，粮道被切断。秦军又派数千轻骑兵不断骚扰赵军，使赵军死伤无数，疲惫不堪。赵括见战势危急，只好筑营坚守，等待救兵。可是秦军早已阻断了赵国的援兵和粮草，倾全国兵力围困赵括德部队。

赵兵断粮长达四十六天，士兵们饥饿不堪，有的甚至自相杀食。赵括没有办法，只好重新集结部队，强行突围，但一直没有成功，赵括在混战中，被秦军射杀。赵军主将阵亡，四十万士兵投降秦国。白起把投降的赵军全部坑杀，只留下二百四十个士卒回国报信。

历史上著名的长平之战就这样以赵军的惨败而告终，白起正是以奇取胜。

（二）吕蒙为三国时代的著名智将，也是中国历史上杰出的军事家。

吕蒙在年轻时代，不辞艰险，卓具胆魄，然读书不多，智略未广。后来，在军事实践中注意理论与文化的修养，于是学问日增，以致运筹谋划，出奇制胜，手段高超，识见过人，谋勇兼具，如虎添翼。

吕蒙善于见机，敢于决断，明于大计，精于指挥，曾巧降郝普，智擒关羽，建立了赫赫战功。吕蒙在韬略上圆融变通，临机制变，已臻于化境。

刘备派关羽镇守荆州全境，孙权命令吕蒙往西夺取长沙、零陵、桂阳三郡，吕蒙发

赵括母上书于王

秦攻赵，孝成王使括代廉颇为将。将行，括母上书言于王曰：『括不可使将。』王曰：『母置之，吾计已决矣。』括母曰：『王终遣之，即有不称，妾得无随乎？』括既行，三十余日，赵兵果败，括死军覆。王以括母先言，故卒不加诛。

文到长沙、桂阳两郡，对方望风归服，唯独零陵太守郝普守城不降。而刘备亲自从西蜀来到公安，派关羽来争夺三郡。孙权那时在陆口，让鲁肃带领万人驻扎在益阳抵御关羽，用紧急文书召令吕蒙，要他舍弃零陵，赶快回来帮助鲁肃。

起初，吕蒙平定长沙之后，要去零陵，经过酃县时带上南阳人邓玄之。邓玄之是郝普的老友，吕蒙想用他去诱降郝普。接到紧急文书时，吕蒙先将此事保密。夜晚召见各将领，布置计谋策略，声言早晨便要攻城。

吕蒙看着邓玄之说：『郝子太听说世间有忠义的事，也想要这样做，可是不识时机。现在左将军刘备在汉中，被夏侯渊所围。关羽在南郡，由我主上亲自来对付他。他们正是首尾倒悬，救死还来不及，哪有余力再来管这边的事呢？现在我军都是精锐部队，人人都想拼命作战，主上派兵沿路不绝。如今子太以危在旦夕的命运，等待望不到的救兵，就好像牛蹄穴中的鱼，想依赖长江、汉水的救济，这事已经很明显不可靠了。如果子太必定能够集中士卒的心，保守孤城，勉强拖延时间，来等待援兵，这还可以。现在我军全心全意来攻，要不了多少日子，城池必定攻破，城破之后，自己死了有什么好处？何况还会让白发苍苍的百岁老母也遭诛杀，岂不痛心吗？想来此人得不到外间消息，认为援军可靠，所以才这样做。你可前去见他，向他陈述祸福的实况。』邓玄之去见了郝普，把吕蒙这些话都说给他听，郝普畏惧，就听从了吕蒙的意见。

邓玄之先出城报告吕蒙，说郝普随后就到。吕蒙预先命令四员部将，各选一百名士兵，等郝普一出城，便进去据守城门。

一会儿郝普出来了，吕蒙迎上去握住他的手，和他一起下到船上。交谈之后，拿出紧急文书给郝普看，并且拍手大笑。郝普看了文书，才知道刘备在公安，关羽在益阳，自觉惭愧悔恨，无地自容。

吕蒙留下孙皎，将善后事宜委托给他，自己立即率部赶赴益阳。刘备请求结盟，孙权就把郝普等人放归，划湘水为界，将零陵还给刘备。将寻阳、阳新作为吕蒙的奉邑。

释例四 前718年4月，郑国人侵袭卫国郊外，以报复去年东门那一战役。卫国人带领南燕军队攻打郑国。郑国派祭足、原繁、祝聃带领三军攻打燕军的正面，派曼伯和子元偷偷率领制地的军队袭击燕军的后面。燕国人害怕郑国的三军，而没有防备从制地来的军队。6月，郑国的两个公子曼伯和子元在虎牢关击败了燕军。

原文 **激水之疾①，至于漂石②者，势③也；**孟氏曰：势峻，则巨石虽重不能止。

鲁肃

鲁肃，字子敬，临淮东城人汉族，三国时期东吴著名政治家、外交家和军事家。他不但治军有方，闻名遐迩，而且虑深思远，见解超人。

○杜佑曰：言水性柔弱，石性刚重，至于漂转大石，投之洿下，皆由急疾之流，激得其势。○张预曰：水性柔弱，险径要路，激之疾流，则其势可以转巨石也。**鸷鸟④之疾，至于毁折⑤者，节⑥也。**曹操曰：发起击敌。○李筌曰：柔势可以转刚，况于兵者乎？弹射之所以中飞鸟者，善于疾而有节制。○杜牧曰：势者，自高注下，得险疾之势，故能漂石也。节者，节量远近则搏之，故能毁折物也。○张预曰：鹰鹯之擒鸟雀，必节量远近，伺候审而后击，故能折物。○尉缭子曰：『便吾器用，养吾武勇，发之如鸟击。』○李靖曰：『鸷鸟将击，卑飞敛翼。』皆言待之而后发也。**是故善战者，其势险，**曹操李筌曰：险，犹疾也。○杜牧曰：险者，言战争之势，发则杀人，故下文喻如彍弩。王晳曰：险者，折以致其疾也；如水得险隘而成势。**其节短。**曹操、李筌曰：短，近也。○杜牧曰：言以近节也。如鸳鸟之发，近则搏之，力全志专，则必获也。○杜佑曰：短，近也，节，断也。短近言能因危取胜，以卒击近也。○梅尧臣曰：险则迅，短则劲；故战之势，当险疾而短近也。**势如彍弩⑦，节如发机⑧。**曹操曰：在度不远，发则中也。〇李筌曰：弩不疾则不远，矢不近则不中。势尚疾，节务速。〇陈皞曰：弩之发机，近则易中；战之遇敌，疾则易捷。若趋驰不速，奋击不近，则不能克敌而全胜。〇贾林曰：战之势，如弩之张；兵之势，如机之发。〇王皙曰：战势如弩之张者，所以有待也；待其有可乘之势，如发其机。〇张预曰：如弩之张，势不可缓；如机之发，节不可远。言趋利尚疾，奋击贵近也。故大公曰：『击如发机者，所以破精微也。』

注釋

①激水之疾：激，湍急。疾，快、迅猛、急速。②漂石：即移动石头。漂，漂移。③势：这里指事物本身态势所形成的内在力量。④鸷鸟：鸷，凶猛的鸟，如鹰、隼、鹫之类。⑤毁折：毁伤、捕杀。这里指捕击鸟、兽之类动物。⑥节：节奏。指动作爆发得既迅捷、猛烈，又恰到好处。⑦彍弩：即张满待发之弩。彍，弩弓张满的意思。⑧发机：即引发弩机的机纽，将弩箭突然射出。机，即弩牙。

譯文

湍急的水流迅猛奔泻，以致能够把石头漂浮移动，那是由于水势强大的原因；凶猛的隼鹰奋猛搏击，以至于毁折小鸟骨翼，那是由于掌握了时机节奏的缘故。因此，善于指挥战争的将帅，他所造成的态势总是险峻逼人，发起攻击的时机节奏总是急促迅捷。这样的险势就像张满了的弩弓，箭在弦上，蓄势待发；这样的节奏就像松弩放箭一样，一触即发。

原文

纷纷纭纭①，斗乱而不可乱②也；浑浑沌沌③，形圆而不可败也④。曹操曰：旌旗乱也；示敌若乱，以金鼓齐之。卒骑转而形圆者，出入有道齐整也。〇李筌曰：『纷纭

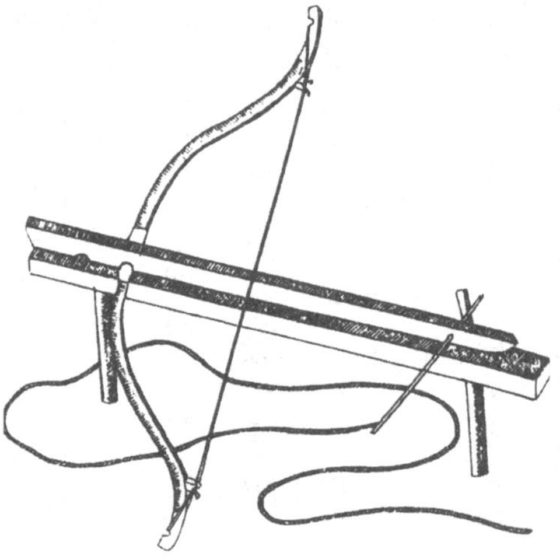

射虎弩

射虎弩以楠木制作，以木片扣弦，放置地下覆盖草等作伪装。系绳为机，一触即发，是清朝有名的弓弩。

而斗，示如可乱；建旌有部，鸣金有节，是以不可乱也，浑饨，合杂也；形圆，无向背也：示敌可败而不可败者，号令齐整也。○梅尧臣曰：分数已定，形名已立，离合散聚，似乱而不能乱。形无首尾，应无前后，阳旋阴转，欲败而不能败。

乱生于治⑤，怯生于勇，弱生于强⑥。曹操曰：皆毁形匿情也。○杜牧曰：言欲伪为乱形以诱敌人，先须至治，然后能为伪乱也。欲伪为怯形以伺敌人，先须至勇，然后能为伪怯也。欲伪为弱形以骄敌人，先须至强，然后能为伪弱也。○贾林曰：恃治则乱生，恃勇强则弱生。○梅尧臣曰：治则能伪为乱，勇则能伪为怯，强则能伪为弱。

治乱，数也⑦；曹操曰：以部曲分名数为之，故不乱也。○李筌曰：历数也。百六之灾，阴阳之数，不由人兴，时所会也。○杜牧曰：言行伍各有分画，部曲皆有名数，故能为治，然后能为伪乱也。夫为伪乱者，出入不时，樵采纵横，刁斗不严是也。○贾林曰：治乱之分，各有度数。○梅尧臣曰：以治为乱，存之乎分数。○王皙曰：治乱者，数之变，数谓法制。○张预曰：实治而伪示以乱，明其部曲行伍之数也。上文所谓治众如治寡，分数是也。**勇怯，势也；**李筌曰：夫兵得其势，则怯者勇；失其势，则勇者怯。兵法无定，惟因势而成也。〇杜牧曰：言以勇为怯者也。见有利之势而不动，敌人以我为实怯也。〇陈皞曰：勇者，奋速也；怯者，淹缓也。敌人见我欲进不进，即以我为怯也，必有轻易之心；我因其懈惰，假势以攻之。龙且轻韩信，郑人诱我师是也。〇梅尧臣曰：以勇为怯，示之以不取。〇王皙曰：勇怯者，势之变。**强弱，形也。**曹操曰：形势所宜。〇杜牧曰：以强为弱，须示其形；匈奴冒顿示娄敬以羸老是也。**故善动敌⑧者，形之⑨，敌必从之；**曹操曰：见羸形也。〇梅尧臣曰：形乱弱而必从。〇王皙曰：诱敌使必从。〇何氏曰：移形变势，诱动敌人；敌昧于战，必落我计中而来，力足制之。〇张预曰：形之以羸弱，敌必来从。晋楚相攻，苗贲皇谓晋侯曰：『若栾、范易行以诱之，中行、二郤必克二穆。』果败楚师。又楚伐随，羸师以张之。季良曰：『楚之羸，诱我也。』皆此二义也。**予之，敌必取之。**曹操曰：以利诱敌，敌远离其垒，而以便势，击其空虚孤特也。杜牧曰：曹公与袁绍相持官渡，曹公循河而西，绍于是渡河追公。公营南阪，下马解鞍。时白马辎重就道，诸将以为敌骑多，不如还营。荀攸曰：『此所以饵敌也，安可去之？』绍将文丑与刘备将五六千骑，前后继至，或分趋辎重。公曰：『可矣。』乃皆上马，时骑不满六百人，遂大破之，斩文丑。梅尧臣曰：示畏怯而必取。王皙曰：饵敌使必取予与同。张预曰：诱之以小利，敌必来取。吴以囚徒诱越，楚以樵者诱绞是也。**以利动之，以卒待之⑩。**曹操曰：以利动敌也。〇李筌曰：后汉大司马邓禹之攻赤眉也，赤眉佯北，弃辎重而遁；车皆载土，覆之以豆。禹军乏食，竞趋之，不为行列。赤眉伏兵奄至击之，禹大败。则其义也。〇杜牧曰：以利动敌，敌既从我，则兵严

战徐塘吴魏交兵

孙权病死，魏国趁乱进兵，双方在徐塘展开激战。吴国借助水阵，将魏兵打得措手不及，阵脚大乱，魏国不得已退兵。

以待之，上文所解是也。梅尧臣曰：以上数事，动诱敌（动）而从我，则以精卒待之。〇王皙曰：或使之从，或使之取，必先严兵以待之也。

注释 ①纷纷纭纭：此指旌旗杂乱的样子。纷纷，紊乱无序。纭纭，众多且乱。②斗乱而不可乱：斗乱，言于纷乱状态中指挥作战。不可乱，言做到有序不乱。③浑浑沌沌：混乱迷蒙不清的样子。④形圆而不可败也：指摆成圆阵，首尾连贯，与敌作战应付自如，不致失败。⑤乱生于治：示敌混乱，是由于有严整的组织。⑥弱生于强：示敌弱小，是由于本身拥有强大的兵力。⑦治乱，数也：此句意谓军队的治或乱，决定于组织编制是否有序。数，即前言之『分数』，指军队的组织编制。⑧动敌：调动敌人。⑨形之：意指用假相迷惑欺骗敌人，使其判断失误。形，用作动词，即示形、示敌以形。⑩以卒待之：用重兵伺机破敌。卒，士卒，此处可理解为伏兵、重兵。

译文 战旗纷飞，人马混杂，在混乱中指挥战斗，要能保证自己的军队整齐不乱；兵如潮涌，混沌不清，要使自己的军队阵形周密而立于不败。向敌人显示混乱的假象，是建立在自己的军队有严整的组织管理的基础之上；向敌人显示怯懦，是由于本军将士有勇敢的素质；向敌人显示弱小，是由于自己拥有强大的实力。严整或者混乱，是军队组织编制好坏的结果；勇敢或者怯懦，是士兵素质态势的外在表现；强大或者弱小，是军事实力大小的显现。所以，善于调动敌军的将帅，用伪装假象迷惑敌人，敌人就会听从调动；用好处引诱敌人，敌人就会上当前来夺取。用利益来引诱调动敌人，以重兵等待敌人，伺机聚而歼之。

釋例五（一）前353年，魏国伙同赵国攻打韩国，韩国向齐国寻求救援。齐王派田忌为将，以孙膑为军师，一同前往救韩。孙膑和田忌采用攻魏的战法，率军迳向魏国的大梁（今河南开封市西北）进发。魏将接到齐师将偷袭后方的消息，便放弃攻韩，连忙赶回相救。

孙膑知道庞涓的部队将到，便对田忌说：『他们三晋的将士，一向强悍勇敢而轻视齐兵，齐兵也因之被认为胆小怯弱。一个善于作战的将领，要会顺应这种情势，加以有利的引导。现在敌人如果恃勇轻敌而冒险急进的话，那对我们是最好不过了。我们也宜诈为怯弱以诱他轻进。当我军跨入魏境的第一天，安营时要挖十万人用的灶，第二天安营时挖五万人用的灶，到第三天，只要挖三万人的就行了。』

庞涓率军跟在齐军后面追赶了三天，看到齐军营灶日渐递减的情形，非常高兴地说：

『我早就知道齐军胆小怕死，进入我国境内才三天，士卒已逃亡过半了。』于是庞涓就抛下步兵辎重，只带他的轻装健儿昼夜兼程，拼命追赶。孙膑计算他的行程，约在黄昏时候会赶到马陵。孙膑便命士卒砍倒一些树木堵塞去路，并选一棵大树，将面对大路的树干削去树皮，在上面写『庞涓死于此树之下』。

又令军中善于射箭的人拿万张强弩，夹道埋伏，约定：晚间但见大树底下有人点火，就万弩齐发。庞涓一路追赶，果然在当晚赶到那棵大树底下，看见光滑的树身上仿佛有字，于是点火照看。字还没读完，箭如雨下，魏军大乱，彼此逃散。庞涓自知智穷兵败，绝难脱身，于是拔剑自刎。齐军乘胜追击，彻底击溃魏军，并俘虏了魏太子申。

（二）200年（建安五年）2月，曹操在官渡，袁绍派郭图、颜良进攻驻在白马的东郡太守刘延，袁绍领兵到黎阳，将要南渡黄河。4月，曹操往北救延。荀攸对曹操说：『现在我们兵少敌不过袁绍，应当分散他的兵力而行。您到延津，做出将要进兵渡河攻其后方的样子，这样袁绍必然分兵西来同我对抗；然后以轻兵偷袭白马，乘其不备，颜良就可以捉住了。』曹操采纳了他的计策。

袁绍听说曹操挥兵渡河，果然分兵往西对抗。于是曹操领兵日夜兼程径趋白马，到离白马还有十多里的地方，颜良大惊，前来迎战。曹操派张辽、关羽首先出阵，击败敌军，斩了颜良。于是解了白马之围。

（三）前154年，吴楚七国反，汉景帝遣太尉周亚夫将兵击叛军。亚夫上书，大致是

孙膑晚下云梦山

孙膑是战国中期齐国人，师从鬼谷子学习兵法，显示了惊人的才能。著有《孙膑兵法》。

说楚兵敏捷而勇猛，难与争锋，现只可把梁委敌，使他固守，待臣断敌粮道，方可制楚。楚兵溃散，吴自无能为力了。

景帝依议。亚夫走蓝田，出武关，进抵洛阳，在荥阳会兵，坚壁昌邑。吴方攻梁，梁王遣使求救，亚夫不肯相救。亚夫暗遣轻骑出淮泗口，绝吴楚兵后粮道，吴楚兵缺乏粮草。梁使韩安国、张羽为将军，且守且战，往往乘隙出击，力败吴兵。

吴楚兵决定先前去攻击周亚夫军。亚夫见吴楚兵到来，又复坚壁相持，但守勿战。相持了几日，吴方兵将饿死，吴王向东逃去，二十多万士卒自然骇散；楚兵也饿得力乏，无法迎战汉军，四面狂奔。楚王自刎。

原文 **故善战者，求之于势，不责于人**①，杜佑曰：言胜负之道，自图于中，不求之下，责怒师众，强使力进也。若秦穆悔过，不替孟明也。**故能择人而任势**②。一作故能择人而任之。诸家作任势者多矣。○曹操曰：求之于势者，专任权也。不责于人者，权变明也。○李筌曰：得势

张辽合肥陷阵

张辽，字文远，三国时魏国著名将领。合肥之战中，张辽率八百余人出城与孙权军队大战。张辽披甲持戟，一马当先，冲进敌军阵营，杀死数十人，斩两名敌将，迅速冲到孙权座下。孙权大惊，节节败走。合肥之危于是得以化解。

而战，人怯者能勇，故能择其所能任之。夫勇者可战，谨慎者可守，智者可说，无弃物也。○杜佑曰：权变之明，能简置于人，任己之形势也。梅尧臣曰：用人以势则易，责人以力则难；能者当在择人而任势。○张预曰：任人之法，使贪、使愚、使智、使勇，各任自然之势，不责人之所不能，故随材大小，择而任之。○尉缭子曰：『固其所长而用之。』言三军之中，有长于步者，有长于骑者，因能而用，则人尽其材。又晋侯类能而使之是也。**任势者，其战人也③，如转木石；木石之性④：安⑤则静，危⑥则动；方则止，圆则行。**曹操曰：任自然势也。○李筌曰：任势御众，当如此也。○杜佑曰：言投之安地则安，投之危地则危，不知有所回避也。任势，自然也。方圆之形，犹兵胜负之形。○梅尧臣曰：木石，重物也，易以势动，难以力移。三军，至众也，可以势战，不可以力使，自然之道也。○何氏同梅尧臣注。○张预曰：木石之性，置之安地则静，置之危地则动，方正则止，圆斜则行，自然之势也。三军之众，甚陷则不惧，无所往则固，不得已则斗，亦自然之道。**故善战人之势，**

如转圆石于千仞之山者，势也。 李筌曰：蒯通以为坂上走丸，言其易也。○杜牧曰：转石于千仞之山，不可止遏者，在山不在石也。战人有百胜之勇，强弱一贯者，在势不在人也。杜公元凯曰：『昔乐毅藉济西一战，能并强齐，今兵威已成，如破竹数节之后，迎刃自解，无复著手，此势也。势不可失。』乃东下建邺，终灭吴。此篇大抵言兵贵任势，以险迅疾速为本，故能用力少而得功多也。○梅尧臣曰：圆石在山，屹然其势，一人推之，千人莫制也。王晳曰：石不能自转，因山之势，而不可遏也只战不能妄胜，因兵之势，而不可支也。○张预曰：石转于山，而不可止遏者，由势使之也。兵在于险，而不可制御者，亦势使之也。

注釋 ①求之于势，不责于人：此句言应追求有利的作战态势，而不是苛求下属。责，求、苛求。②择人而任势：择，选择。任，任用、利用、掌握、驾驭的意思。③其战人也：指挥士卒作战。与前《形篇》中之『战民』义同。④木石之性：木石的特性。⑤安：安稳，这里指平坦的地势。⑥危：高峻、危险，此处指地势高峻陡峭。

譯文 所以，善于指挥作战的人，总是注意利用有利于己的必胜条件，而从不对部属求全责备。因此他们能够很好地量才用人，利用和创造必胜的态势。能够充分利用必胜态势的人，他们指挥战争就像转动木料、石头一样。木石的特性是：放在安稳平坦的地方就静止不动，放在险峻陡峭的地方就会滚动；方形的木石容易稳定静止，圆形的木石则滚动自如。所以，善于指挥作战的人所造成的有利态势，就像将圆石在万丈高山上转动一样，随时可以翻滚而下，其能量势不可挡，坚不可摧。这就是所谓的『势』。

释例六（一）晋武帝司马炎准备攻打东吴。大臣当中的多数人认为应当等有足够实力时再说。

大将杜预不同意多数人的看法。杜预认为，必须趁现在吴国衰弱，尽快灭掉它，不然等它有了实力后就很难对付了。听了他的意见后，司马炎就下定决心，任命杜预为征南大将军。279年，晋武帝调兵攻吴。

第二年就攻占了江陵，斩了吴国一员大将，然后率领军队乘胜追击。在沅江、湘江以南的吴军听到这个消息吓破了胆，纷纷打开城门投降。司马炎下令让杜预从小路向吴国国都建业进发。

此时，有人担心长江水势暴涨，不如暂时收兵等到冬天进攻更为有利。杜预则坚决反对退兵，他说：『现在趁士气高涨，斗志正旺，我们取得了一个个胜利，势如破竹，一举拿下吴国不会再费多大力气了！』

晋朝大军在杜预率领之下，直冲吴都建业，不久就攻占建业灭了吴国。这样，晋武帝就统一了全国。

（二）刘锜是南宋时期的一员名将，战功显赫。他擅于施计胜敌。

一天，他命令一部分士兵每人背上一个竹筒，筒里盛满煮熟的豆子。士兵们不明白什么意思，但明白主帅想要施奇计，就按令行事。

出征前，刘铸对他们说：『今日出征不同以往，两军阵前不要急于求胜。要打一会儿，拖一会儿，关键在于消耗敌人。等到敌人疲乏时，你们就把竹筒扔在地上。然后伺机杀敌，定会大获全胜。』

这队士兵奉命出发，遇到敌兵依计而行，打打拖拖，不知不觉到了中午时分。刘铸的士兵将所背竹筒扔到地上，竹筒中的豆子撒得满地都是。敌人的马正在饥饿的时候，于是不顾一切地吃地上的豆子。敌人忙着打马整队，战马闻到豆香根本不听指挥，加之竹筒遍地滚动，人马站立不稳，敌人乱作一团。刘铸的部将见时机已到，下令放箭，敌人顿时变成了『刺猬』。

马是敌人的坐骑。马不听使唤，敌人就没有战斗力。刘铸的撒豆计策相当于釜底抽薪，看似平常，其实高妙。

（三）战国时，齐国出兵攻打楚国。楚国的令尹子发率军抵御，三次交战，三次皆败，眼瞅着就要竖白旗投降了。子发用了很多办法，齐军始终未受影响，声势依然强大。

正在子发愁眉苦脸的时候，有一个小偷求见子发。小偷十分庄重地对子发说：『国家兴亡，人人有责。我外号叫神偷，今晚去敌营一试，说不定能够扭转局势。』子发在无计可施的情况下，只好同意了他的请求。

小偷趁着夜幕偷偷潜入齐军营地，把营帐偷了回来。子发派人把偷来的营帐送给齐军统帅。

第二天晚上，小偷又偷回了齐军统帅的枕头，子发又公开送了回去。第三天晚上，小偷又偷回齐军统帅的发插，子发还是让人送了回去。这时候，齐军统帅大吃一惊，心想：这样下去，我的脑袋岂不要被偷去了吗？于是急忙下令班师回国。

两军对阵，一般要靠刀枪来一决胜负，但是，这个小偷却施展高超的偷技，令齐军统帅感到自身难保。这种以柔克刚的办法正是釜底抽薪计谋的应用。

結語 本篇的要点是用兵之法，不外奇正两端，活用奇正，便可制胜。提出『凡战者，以正合，以奇胜』，即打仗主要靠出奇制胜。他认为要达到出奇制胜的重要手段，是『造势』、『任势』，特别强调要『示形』、『动敌』。所以说：『善动敌者，形之，敌必从之；予之，敌必取之。以利动之，以卒待之。』

《势篇》的『势』是物质的运动，军事实力形成的态势。『用兵任势也』。（曹操注）孙子所说的『任势』就是强调利用有利的形势，组织指挥进攻，以求一举得胜。『任势』的本义乃是『人』发挥主观能动性，根据战场环境的诸要素，顺势而治，捕捉最有利的战机，以取胜于敌人。『任势』的战略战术思想，揭示给我们的不限于战场，在政治、经济及文化、体育领域都有利用形势、抓住时机取得成功的问题。比如企业经营活动，特别要抓住制造产品、供货、销售等重要环节。在产品销售时，就要测算好市场动态，按市场需要制造、推销产品，赢得利润。

兵法与商道 给你一些甜头让你割舍不掉

《孙子兵法》势篇的『势』是指物质的运动，军事实力形成的态势。『任势』就是要利用有利的形势。美国可口可乐公司，进入中国市场，不是一上来就向中国倾销商品，而是采用了『以利动之，以卒待之』的办法。先无偿为中国提供价值400万美元的可乐灌装设备，花大力量在电视上做宣传，提供价格低廉的浓缩饮料，吊起你的胃口，使你乐于生产和推销美国的可乐，而一旦市场被打开，再要进口设备和原料，它就按照你的需要情况来调整价格，抬价收钱了。

十年来，美国的可口可乐风靡中国，生产企业从一家发展到8家，销量、价格也成倍增长。美国商人赚足了钱，无偿为中国设备的投资早已不知收回几倍，这就是先让你得到些甜头割舍不掉，然后再实施自己的计划，这种『以利动之，以卒待之』的办法，在商场中比比皆是。

用抽奖方式引假药上钩

《孙子兵法》势篇中『任势』的战略战术思想，揭示出在企业经营活动中，在产品销售时，就要测算好市场的动态，按照市场的需要进行制造、推销产品，赢得利润。1966年，武田制药公司推出了一项看起来像刺激消费的活动——『武田制药爱福彩卷』抽奖。这次抽奖设1600多名高贵奖品，参加的条件非常简单，只要消费购买维他命E百锭一盒，就可参加。具体要求是，消费者要在空盒上注明自己的姓名和住址，以及药房的店名地址。

在空药盒雪片般寄来参加抽奖的时候，武田制药公司组织了专家来鉴定盒子的真伪。他们最大的目的就是使假药上钩，这些假药与出售假药的商店多数都成了武田制药公司的瓮中之鳖。

摩根大发国难财

1873年，美国经济危机时期，几乎每小时都有宣布破产的消息。费城的著名投资银行杰伊库克公司此时也永远地关上了大门。库克因在南北战争时期因为帮助政府出售国库券而名声大振，是投资银行家中最杰出的人物。他的破产在当时商业界可以说是一个晴天霹雳，引起了巨大的震动。后来事实证明，就算当时他能渡过危机，但因其力量早已衰微，也难以应付日后约翰皮尔庞特摩根的挑战。

摩根在国内外出售证券的能力无人能比。达布尼—摩根公司和在伦敦的摩根公司及巴林兄弟公司、费城的安东尼·德雷克塞尔、纽约的利瓦伊莫顿以及纽约其他几位大银行家和摩根的联合，所形成的势力和能力使他得以在1871年从库克手中夺过价值2亿美元的国库券，并把其中的大部分出售给外国投资者；1873年的上半年，摩根和他的合伙人又以同样理由赢得33亿国库券的一半，并且处理得得心应手。而库克在出售他那部分国库券时却困难重重，这也是库克破产的因素之一。

在这场危机中，德雷克塞尔—摩根公司成了美国实力最雄厚的投资银行，控制了美国政府的债券市场，同时继续向欧洲抛出了优惠证券。1884年的金融危机又进一步巩固了摩根的老大地位。从这时起一直到1913年去世，他一直是美国投资银行业最具影响力的人物。

从1884年11月开始，美国财政部的黄金开始大量外流，市场上掀起了抢购黄金的热潮。当时有个谣言很快传遍了华尔街，说美国政府将要放弃以黄金支付货币的做法。格罗弗·克利夫兰总统出面辟谣说这不是事实，但是用抛售美国证券换回黄金的做法仍未停止，致使国库告急，落到了几乎无力偿还债务的地步。

为了挽救金库空虚带来的经济恐慌，就必须立即筹集到一笔巨额资金。政府财政当局的估计至少要一亿美元。摩根得知在这股抢购黄金的风潮中，政府已到了无计可施的地步，于是他同贝尔蒙商定，由他们两家银行成立一个辛迪加，承办黄金公债，这样他们即可解救财政部危机，还能获得高额利润。但由于他们的条件过于苛刻，美国国会并没有通过这个建议，总统也实难接受。当时的财政部长卡利史尔计划发行5000万美元的公债，剩下的半数委托美国国内银行存款。由于正值恐慌之际，任何一家银行都自顾不暇，这位财政部长的呼吁便被理所当然地束之高阁了。

后来，他又以高于面额的117点公开募集5000万美元公债，这打破了投资金融界的惯例，也欺骗了投资银行，同时重创并惹恼了摩根。由于摩根的操纵，当这位财政部长匆匆忙忙赶到纽约召集银行家寻求帮助时却遭到了白眼，这是因为他没有接受摩根提出的要么认购全部公债，要么完全拒绝认购没有任何商量余地的谈判条件。

出于无奈，摩根再次被总统召到白宫，互相摊牌。当摩根得知国库存金只剩下900万美元时，更是固执己见，并胸有成竹地说：『除了我和罗斯查尔组成辛迪加，使伦敦的黄金重新流入国内外，好像没有第二种办法来解救陷于破产状况的国库了。现在，我手头就有一张1200万美元的支票没有兑现，如果今天将这张支票兑现了，一切就都结束了，要不要我在这里拍电报，现在立刻汇到伦敦去呢？』

在这种威胁下，克利夫兰总统不得不以去洗手间为借口，每隔五分钟就去和正在另一室等候的财政部长卡利史尔商量对策。摩根很清楚，若不使出强硬的手腕，白宫不会轻易就范。因此，在与总统面谈时，他也就『大行不顾细谨，大礼不拘小节』，『单刀直入』，步步紧逼。并且点起总统讨厌的雪茄烟，悠然地等待着不能不做出的明智选择。

结果，总统在走投无路的情况下，不得不答应摩根提出的条件，白宫在华尔街面前甘拜下风。当夜，摩根就拿出大量美元交给财政部，帮助财政部渡过了难关。摩根在向政府承包的公债价格与市场差价中就净赚了1200万美元，并且还达成一项国际协议，在公债发行结束前，不用美元兑换英镑，也不购买美国的黄金，这大大冲击了《夏尔反托拉斯法案》。

孙子曰：『激水之疾，至于漂石者，势也；鸷鸟之疾，至于毁折者，节也。是故善战者，其势险，其节短。』

这是《势篇》的核心思想。摩根就是因为准确把握了时机，看穿了政府的弱点，以凌厉之势发动猛烈进攻，从而取得了胜利。从道义上讲，发国难财并不值得提倡；但从商战角度来说，这也确是一个很好的范例。

先播种后秋收

《孙子兵法》势篇云：『凡战者，以正合，以奇胜。』即行军打仗要出奇制胜。在企业的经营活动中也要抓住市场及对手的心态和特点，用特别的方式取得胜利。有家大的电器公司，其产品质量上乘，在国内外享有盛誉，急需扩大生产规模，只是公司当时拿不出那么多的资金搞扩建项目，比较可行的办法是兼并其它的小企业，利用改造小企业原有的设备。可是怎么兼并对方？如果对方一点好处都得不到，怎么能俯首称臣呢？

电器公司给了小企业三大好处：

一是抽一部分技术人员给小企业职工进行培训；

二是拿出一部分资金对小企业原有的机器设备进行改造；

三是在产品质量合格的前提下，小企业可使用该公司的牌子。

结果轻而易举地兼并了这些小企业，使这家大电器公司，节省了70%的资金，扩大了生产规模，增加了盈利。这如同先播种后秋收一样，先博得对方的好感，达到你的目的，这要比主动冲击成功率要高得多。

虚实篇第六

曹操曰：能虚实彼己也。○李筌曰：善用兵者，以虚为实；善破敌者，以实为虚。故次其篇。○杜牧曰：夫兵者，避实击虚，先须识彼我卒虚实也。○王皙曰：凡自守以实，攻敌以虚也。○张预曰：《形篇》言攻守，《势篇》说奇正。善用兵者，先知攻守两齐之法，然后知奇正；先知奇正相变之术，然后知虚实。盖奇正自攻守而用，虚实由奇正而见。故次《势》。

原文

孙子曰：凡先处战地而待敌者佚①， 曹操李筌并曰：力有余也。○贾林曰：先处形胜之地以待敌者，则有备豫，士马闲逸。杜佑同贾林注。○王皙同曹操注。○张预曰：形势之地，我先据之，以待敌人之来，则士马闲逸，而力有余。**后处战地而趋战者劳②。** 李筌曰：力不足也。《太一遁甲》云：『彼来攻我，则我为主，彼为客。主易客难也。』是以《太一遁甲》言其定计之义。故知劳佚事不同，先后势异。○贾林曰：敌处便利，我则不往，引兵别据，示不敌其军；敌谓我无谋，必来攻袭。如此，则反令敌倦，而我不劳。○孟氏曰：若敌已处便势之地，己方赴利，士马劳倦，则不利矣。○梅尧臣曰：先至待敌则力完，后至趋战则力屈。○张预曰：便利之地，彼已据之，我方趋彼以战，则士马劳倦，而力不足。或谓所战之地，我宜先到，立阵以待彼，则已佚矣；彼先结阵，我后至，则我劳矣。若宋人已成列、楚师未既济之类。**故善战者，致人而不致于人③。** 李筌曰：故能致人之劳，不致人之佚也。○杜佑曰：言两军相远，强弱俱敌，彼可使历险而来，我不可历险而往。必能引致敌人，己不往从也。○梅尧臣曰：能令敌来，则敌劳；我不往就，则我佚。○王皙曰：致人者，以怯乘其劳；致于人者，以劳乘其佚。○何氏曰：令敌自来。○张预曰：『致敌来战，则彼势常虚；不往赴战，则我势常实。此乃虚实彼我之术也。耿弇先逼巨旱以诱致费邑近之。

注釋 ①凡先处战地而待敌者佚：此句言在作战中，若能率先占据战地，就能使自己处于以逸待劳的主动地位。处，占据。佚，即『逸』，指安逸、从容。②后处战地而趋战者劳：此句意谓作战中若后据战地仓促应战，则疲劳被动。趋，奔赴，此处为仓促之意。趋战，仓促应战。③致人而不致于人：致人，调动敌人。致，招致、引来。致于人，为敌人所调动。

譯文 孙子说：两军交战，总是先进入战场而等待敌人的一方，就显得安逸从容；后到达战场而仓促应战的一方，就必然疲惫不堪。所以，善于指挥作战的人，总是能设法调动敌人而不被敌人所调动。

釋例一 （一）29年，汉光武帝令耿弇攻讨张步，张步派大将军费邑驻军历下，费邑派其弟费敢驻守巨里。耿弇进兵先到巨里，命令部众多伐树木，扬言用于填塞坑堑，急修攻城工具，三日后全军进攻巨里城；并暗地里放归俘虏，使其告知汉军攻期。第二天费邑率领精兵三万人来攻。耿弇对诸将说：『我之所以修攻城器具，就是想引诱费邑来呀！』当即拨出三千精兵困守巨里，亲自领精兵占据高地，乘高合围，大战，临阵斩费邑，敌兵溃散。

（二）汉朝时，匈奴军大举入侵雁门、上郡。汉景帝命『飞将军』李广统军御敌。

一天，中贵人带领几十名骑兵出营，发现三个匈奴人，以为是敌军侦探，便立即跃马追去，三个匈奴人转身放箭，射伤中贵人，几十名骑兵也被射杀殆尽。

李广闻报，判断说，这一定是匈奴射雕的猎户，于是便带百余骑去追赶，结果杀死二人，活捉一人。李广正准备上马回营，突然发现远处奔来数千匈奴骑兵。匈奴骑兵这时也发现了李广一行。匈奴兵误认为这是汉军派出来的诱兵，就急忙驰向山头，列开阵势，准备迎击。李广手下的骑兵见状大惊，皆拍马欲退。李广制止说：『我们远离主力部队，如果惊慌撤退，匈奴肯定会追杀我们。现在最好的办法是留下来，这样，匈奴就会以为我们是大军的诱兵而不敢贸然进击。』于是，他率领骑兵继续行进。当走到离匈奴阵地约二里的地方时，李广命令骑兵全部下马解鞍，以迷惑敌人。

匈奴军由于摸不透李广的用意，果然不敢轻易出击。一会儿，匈奴有一个骑白马的将军走出阵地巡视兵士，李广发现后，立即跃马弯弓，带领十多名骑兵冲上去一箭就将骑白马的人射落马下。然后驰回自己的队伍中，又卸下马鞍，叫兵士们把马放了，让马吃草，大家躺在地上休息。一直等到日暮，匈奴人还是辨不清李广的虚实，始终不敢下山。到了半夜，匈奴军担心遭到汉军伏兵袭击，便乘夜撤退而去。李广终于安全返营。

原文

能使敌人自至者，利之也①；曹操曰：『诱之以利也。』〇李筌曰：以利诱之，敌则自远而至也。赵将李牧诱匈奴，则其义也。〇杜牧曰：李牧大纵畜牧人众满野，匈奴小入，佯北不胜，以数千人委之。单于大喜，率众来入，牧大破之，杀匈奴十万骑，单于奔走，岁余不敢犯边

李广　西汉著名军事家。做过骑郎将、骁骑都尉、未央卫尉、郡太守，镇守边郡使匈奴不敢犯多年，被称为『飞将军』。其一生未得封侯，或许时运不济。前119年，随卫青出征匈奴，兵败，引颈自刎。

也。○梅尧臣曰：何能自来？示之以利。○何氏曰：以利诱之而来，我佚敌劳。张预甲：所以能致敌之来者，诱之以利耳。李牧佯北以致匈奴，杨素毁车以诱突厥是也。**能使敌人不得至者，害之也②。**曹操曰：出其所必趋，攻其所必救。○杜牧曰：曹公攻河北，师次顿丘，黑山贼于毒等攻武阳。曹公乃引兵西入山，攻毒本屯，毒闻麦，弃武阳还。曹公要击于内，大破之也。○陈皞曰：子胥疲楚师，孙膑走魏将之类也。○杜佑曰：致其所必走，攻其所必救，能守其险害之要路，敌不得自至。故王子曰：『一猫当穴，万鼠不敢出；一虎当溪，万鹿不敢过。』○梅尧臣曰：敌不得来，当制之以害。○王皙曰：以害形之，敌患之而不至。○张预曰：所以能令敌人必不得至者，害其所顾爱耳。孙膑直走大梁，而解邯郸之围是也。

故敌佚能劳之③，曹操曰：以事烦之。○李筌曰：攻其不意，使敌疲于奔命。○杜牧曰：高颎言平陈之策于隋祖曰：『江北寒田收差晚，江南土热，水田早熟。量彼收获之际，征兵上马，声言掩袭，彼必屯兵御守，足得废其农时。彼既聚兵，我便解甲。』于是陈人始病。○梅尧臣曰：挠之使不得休息。○王皙曰：巧致之也。○张预曰：为多方以误之之术，使其不得休息。或曰：彼若先处战地以待我，则是彼佚也，我不可趋而与之战。我既不往，彼必自来，：即是变佚为劳也。**饱能饥之**，曹操曰：绝粮道以饥之。○李筌曰：焚其积聚，蔓其禾苗，绝其粮道。○陈皞曰：饥敌之术，在临事应机。○梅尧臣曰：要其粮，使不得馈。○王皙曰：谓敌人足食，我能使之饥乏耳。○张预曰：我先举兵，则我为客，彼为主；为客则食不足，为主则饱有余。若夺其畜积，掠其田野，因粮于彼，馆谷于敌，则我反饱，彼反饥矣。**安能动之**④。曹操曰：攻其所必爱，出其所必趋，则使敌不得不相救也。○李筌曰：出其所必趋，击其所不意，攻其所必（不）爱，使不得不救也。○孟氏注同曹操。○梅尧臣曰：趋其所顾，使不得止。○王皙同李筌注。○何氏曰：攻其所爱，岂能安视而不动哉？○张预曰：彼方安守，以为自固之术，不欲速战，则当攻其所必救，使不得已而须出。臾骈坚壁，秦伯挑其裨将，遂皆出战是也。

注释 ①能使敌人自至者，利之也：意谓能使敌人自来，乃是以利引诱的缘故。利之，以利引诱。②能使敌人不得至者，害之也：此言能使敌人不能到达战地，乃是牵制敌人的结果。害，妨碍、阻挠之意。③劳之：使之疲劳。④安能动之：言敌若固守，我就设法使他移动。

译文 能让敌人自动进入我所预设的战场，是用小利引诱的结果；能让敌人不能到达其预定地域，是制造困难破坏的结果。所以，对安逸的敌人应该设法使其疲劳，对粮食充足的敌人应该设法使其饥饿，对安稳的敌人应该设法让其移动。

将帅之臣

李牧（？—前229年），战国时期赵国人，杰出的军事家、统帅。

释例二 （一）前三世纪中期，赵国驻守北部边防的良将李牧，常年驻扎在代、雁门郡一带，防止匈奴的入侵。有一次，他放出大批百姓四出放牧，田野中满是百姓。匈奴以小股兵马入侵，李牧假装没有战斗力而败退，任匈奴捉去好几千人。单于得到了这个消息，率领大军，倾巢来犯。李牧设置了许多变化灵活的战阵，用左右包抄的奇兵，一举杀掉了十几万匈奴骑兵，打败了匈奴，单于仅以身免，败逃而去。这次战役以后的十几年中，匈奴再也不敢接近赵国的边境了。

（二）战国前期，魏国在众多诸侯国中率先进行了政治军事改革，国家日渐强盛，并且先后吞并了一些实力较弱的诸侯国。当时与魏国实力相当的国家，只有东部的齐国，西部的秦国。而与魏国相邻的赵国、卫国则不足以与其抗衡。

后来，赵国在齐国的支持下，发兵攻打了魏国的属国卫国。魏惠王派手下的大将庞涓率领十万大军围攻赵国的都城邯郸。双方对峙了很久，赵国无奈之下只好向齐国求救。

当时，齐国的群臣对于是否出兵救赵看法不一。邹忌主张不出兵，认为这样会消耗齐国的国力；而段干纶则认为，如果魏国战败赵国，就会使魏国的实力更加强大，进而会形成对齐国的威胁，因此主张救赵。

齐威王考虑再三，最后采纳了段干纶的建议，命田忌为大将、孙膑为军师，率领八万军队前去救赵。

大军出发之后，田忌就准备直奔邯郸。而孙膑经过对形势的准确分析之后，认为魏军十分强大，如果与他们正面交锋会给齐军造成很大的损失。孙膑对田忌说：『要排解互殴狠斗，万不可卷入打成一团，而要避开双方拳来脚往的地方，只消伺隙用拳猛袭其中一方空虚无备的腹位，待挨揍的人双手捧着肚子跪下，那么这场架自然也就解开了。现在魏国出兵进攻赵国邯郸，他的精兵锐卒，势必倾巢开赴前线，只剩一些老弱的留守国内。您何不利用这个空隙，带兵直捣大梁，袭击他们守备空虚的地方？那么他们在外的大军，必然会放下赵国赶回相救。这样做，我们岂不是一举解决了赵国的危急，同时还叫魏国受到窘困的弊害吗？』田忌认为孙膑的话很有道理，便照着去做。

田忌按照孙膑的建议，统率精锐部队改道直奔魏国国都大梁。庞涓得到这个消息，来不及休整，立刻率兵从前线撤回，长途跋涉营救国都。队伍到了桂陵的时候，又陷入孙膑设下的包围圈中。此时魏军兵困马乏，结果被齐军打得大败。

（三）前203年，韩信平定了临淄以后，马上向东追赶齐王田广。项羽派龙且为统帅，号称二十万大军，前来援救齐国，在高密与齐王的军队会师。宾客中有人劝龙且说：『汉军远离本土，决一死战，它的锋芒锐不可当。而齐、楚两军在自己的家门口作战，士兵容易逃散。最好的办法是修筑深沟高垒固守，让齐王派他的心腹大臣们去招抚已经丢失的城邑。已丧汉军之手的城邑听说自己的君王还健在，楚军已经前来救援的消息，必定都会反叛汉军。汉军客居在远离本土二千里的齐地，如果齐国的城邑全起来反叛他，汉军势必无处得到粮草，这样就可以不用战斗就使他们投降了。』

龙且说：『我十分了解韩信的为人，容易对付得很！他曾依赖漂洗丝绵的老太太分给他饭吃，甚至无法养活自己；他还曾蒙受从人胯下爬过去的耻辱，根本就没有盖过他人的勇力。这样的人实在不值得害怕。况且现在援救齐国，如果不打一仗便由汉军主动投降，我还有什么功劳啊！我要与他交战并打败他，半个齐国就可以归我了。』十一月，齐、楚两国军队隔潍水排开成阵。韩信命人连夜赶做了一万多个袋子，装满沙土，投堵在潍水的上游，然后率领一半部队渡河去进攻龙且，交战不久就假装战败，往回奔逃。龙且果然高兴地说：『我本来就知道韩信胆小如鼠嘛！』

于是渡潍水追击韩信。韩信迅速派人搬开堵塞在潍水上游的沙袋，大水立刻奔泻而下，龙且的军队大部分没能渡过河去。韩信迅速组织反击，杀了龙且，被阻留在潍水东岸的楚军开始四散奔逃，齐王田广也逃走了。韩信随即追逐败兵到了城阳，俘获了

曹参

是继萧何后的汉代第二位相国。早年随汉高祖刘邦起兵，高祖六年封平阳侯，食邑万余户。惠帝二年，萧何于临终前向汉惠帝刘盈举荐其为汉相。

田广。汉军将领灌婴这时也捉住了齐国守相田光，进军到博阳。田横听说齐王田广已死，就自立为齐王，回头抗击灌婴的队伍，灌婴在嬴城下打败了田横的军队。田横逃往梁地，投降了彭越。灌婴接着又进军到千乘攻打齐将田吸，曹参则在胶东进攻田既，将田吸、田既都杀掉了，齐地全部被平定了。

释例三

1053年，狄青请求进讨侬智高，到宾州时，因粮草没运到，遂按兵不动，下令准备十日军粮，诸将不解。侬智高侦知狄青正在宴乐，不加防备。当夜，风雨交加，狄青率部众二万，倍道兼行，出昆仑关，于归仁铺与敌相遇。侬智高倾寨抗拒官军，枪矢齐发，狄青先锋孙节战死。将卒畏青令严，不敢后退。狄青银盔铜面，登上高丘，手执白旗，指挥骑兵为左右翼，进攻敌后羸弱士卒，敌众已抵不住，顿时大败。青乘胜攻邕州，侬智高不及急救，遂纵火焚城，深夜遁去。

原文

出其所不趋①，趋其所不意。 曹操曰：使敌不得相往而救之也。〇何氏曰：令敌人须应我。**千里而不劳者，行于无人之地也**②。曹操曰：出空击虚，避其所守，击其不意。〇李筌曰：出敌无备，从孤击虚，何人之有！〇杜牧曰：梁元帝时，西蜀称帝，率兵东之至。宜以精甲锐骑，星夜奔袭之。平路则倍道兼行，险途则缓兵渐进。出其不意，冲其腹心，必向风不守。』竟以平蜀。言不劳者，空虚之地，无敌人之虞，行止在我，故不劳也。〇梅尧臣曰：出所不意。〇张预曰：掩其空虚，攻其无备，虽千里之征，人不疲劳。若邓艾伐蜀，由阴平之径，行无人之地七百余里是也。**攻而必取者，攻其所不守也**③；李筌曰：无虞易取。〇梅尧臣曰：言击其南，实攻其北。〇王晳曰：攻其虚也。谓将不能，兵不精，垒不坚，备不严，救不及，食不足，心不一尔。〇张预曰：善攻者动于九大之上，使敌人莫之能备；莫之能备，则吾之所攻者，乃敌之所不守也。耿弇之克临淄，朱儁之讨黄中，但其一端耳。**守而必固者，守其所不攻也**④。杜牧曰：不攻尚守，何况其所攻乎！汉太尉周亚夫击七国于昌邑也，贼奔壁东南陬，亚夫使备其西北。俄而贼精卒攻西北，不得入，因遁走，追破之。〇陈皞曰：无虑敌不攻，虑我不守。无所不攻，无所不守，乃用兵之计备也。〇梅尧臣曰：贼击我西，亦备乎东。〇王晳曰：守以实也。谓将能、兵精、垒坚、备严、救及、食足、心一尔。〇张预曰：善守者藏于九地之下，使敌人莫之能测；莫之能测，则吾之所守者，乃敌之所不攻也。周亚夫击东南而备西北，亦是其一端也。**故善攻者，敌不知其所守；善守者，敌不知其所攻**⑤。曹操曰：情不泄也。〇李筌曰：善攻者，器械多也；东魏高欢攻邺是也。善守，谨备也，周韦孝宽守晋州是也。〇杜牧曰：攻取备御之情不泄也。〇贾林曰：教令行，人心附，备守坚固，微隐无形，敌人犹豫，智无所措也。○梅尧臣曰：善攻者机密不泄，善守者周备不隙。○王晳曰：善攻者，待敌有可胜之隙，速而攻之，则使其不能守也。善守者，常为不可胜，则使其不能攻也。云不知者，攻守之计不知所出耳。○何氏曰：言攻守之谋，令不可测。**微乎微乎，至于无形⑥；神乎神乎，至于无声⑦，故能为敌之司命⑧。**李筌曰：言二遁用兵之奇正，攻守微妙，不可形于言说也。微妙神乎，敌之死生，悬形于我，故曰司命。○杜牧曰：微者，静也；神者，动也。静者守，动者攻，敌之死生，悉悬于我，故如天之司命。○杜佑曰：言其微妙，所不可见也。言变化之形，倏忽若神，故能料敌死生，若天之司命也。○梅尧臣曰：无形，则微密不可得而窥；无声，则神速不可得而知。○王晳曰：微密则难窥，神速则难应，故能制敌之命。○张预曰：攻守之术，微妙神密，至于无形之可睹，无声之可闻，故敌人死生之命，皆主于我也。

注释 ①出其所不趋：此句言出兵要指向敌人无法救援的地方，即击其空虚。出，出击。不，这里作『无法、无从』解。②行千里而不劳者，行于无人之地也：意谓我行军千里而不致劳累，乃因行于敌松懈无备处之故。无人之地，喻敌松懈无备之处。③攻而必取者，攻其所不守也：言出击而必能取胜，是由于所出击的是敌人防守空虚之地。④守其所不攻也：所守之处是敌人无法攻取的地方。⑤故善攻者，敌不知其所守；善守者，敌不知其所攻：此句谓善于进攻的军队，敌人不知防守何处；善于防守的军队，敌人不知进攻何处。⑥微乎微乎，至于无形：此句谓虚实运用微妙极致，则无形可睹。微，微妙。⑦神乎神乎，至于无声：意谓虚实运用神奇之至，则无声息可闻。神，神奇、神

乌林遇伏

曹操败走华容道，一路惊惶不已，没有察探敌人虚实，结果在乌林遭到伏击。

秘。⑧司命：命运的主宰者。

譯文 我军出击之处，应是敌人无法到达的地方；我军奔袭的地方，应是敌人无法意料的地方。行军千里而不致劳累，是因为行进在没有敌人的地区；发起进攻而必定能取得胜利，是因为攻击的是敌人没有防备的区域；防守必定能固若金汤，是因为防守的是敌人无力攻取的地方。所以，善于进攻的人，敌人不知道应该怎样对其防守；善于防守的人，敌人不知道应该如何对其进攻。微妙啊，微妙，使敌人看不到我军的一点蛛丝马迹！神奇啊，神奇，使敌人听不到我军的一点声息！所以，就能够把敌人的命运牢牢控制在我们手中。

釋例四（一）263年，魏派遣钟会、邓艾分路攻蜀。钟会统兵十余万人，直奔汉中。邓艾督促三万余人，自狄道进汉中。蜀将姜维固守剑阁，钟会挥师攻维，屡攻不克，意欲退还。邓艾上言：『从阴平由斜径出剑阁，去成都，用奇兵攻其腹心。剑阁之守兵必然还

钟会邓艾取汉中

钟会，字士季，颍川人，三国时魏国谋士、将领。当时司马昭打算出征讨伐蜀国，钟会大力支持，并屡次献计献策。灭蜀后，钟会大力结交西蜀名士，打击邓艾等人，打算自立政权，但由于手下官兵不支持钟会的行动而发动兵变，钟会与姜维等人皆死于兵乱之中。

涪，那时钟会军队就可以顺利地前进了；如果剑阁的守军不还，那守涪的军队自然少了。兵法上说：攻其无备，出其不意。现在乘敌人的空虚，必定大破敌军。』

十月，邓艾率兵就阴平僻道行无人之地七百多里，不顾艰险，逢山开道，遇水架桥。到了危崖峭壁的地方，邓艾用毡裹住身体，先滚下去，将士等不敢落后，如法遵行。及至无毡可裹，各自攀木沿崖，鱼贯而进。接近江油，江油守将马邈开城归降。蜀卫将军诸葛瞻眼见涪城难守，不得已退保绵竹。魏兵与蜀兵战至日暮，诸葛瞻和尚书黄崇都被斩。邓艾到成都，蜀主出降。

（二）北周的贵族杨坚，借口周静帝年幼，以『入宫辅政』为名，乘机掌握北周的军政大权。581年2月，杨坚逼迫静帝退位，自己当了皇帝，改北周为隋，这就是隋朝的第一个皇帝隋文帝。

隋朝建立以后，在江南惟一能和它抗衡的只有陈朝。因此，要统一中国，必须扫除陈朝。隋文帝为了灭掉陈朝，着手在国内进行了一系列的经济和政治改革，采取了诸如减轻赋税、废除残酷刑罚、裁减官吏等积极措施。果然，几年之后，北方生产得到迅速发展，人民生活有了很大的提高，社会秩序逐渐得到安定。

隋文帝鉴于出兵进攻陈朝的时机逐渐成熟，就召集朝中的文武大臣，共同商量灭陈大计。

仆射高颖说：『要消灭陈国，必须先毁坏它的粮食储备。江南的房屋、粮仓，多是稻草盖的，只要一放火，就使它的房屋、粮仓化为灰烬。没有粮食，他们还怎么打仗呢？』

隋文帝连声称赞：『好计！好计！』

高颖又说：『他们割稻子的时候，我们派兵骚扰。等到他们把割稻子的士兵集中起来的时候，我们就立即收兵，像这样一而再，再而三，他们看到我们并不是真打，一定会放松戒备。那时我们就打它个迅雷不及掩耳，突破长江天险，那么，江南的半壁江山不就都归我们了吗？』

隋文帝听了高颖的计策，十分高兴，立即下令出兵骚扰江南。同时，指派大臣杨素火速赶造渡江用的战船。

此时，陈后主还是照样骄奢淫逸，过着花天酒地、纸醉金迷的生活。而隋朝将领贺

隋文帝杨坚

隋文帝杨坚，鲜卑名普六茹，小字那罗延。隋朝开国皇帝，弘农华阴（今陕西省华阴县）人，其父杨忠是西魏和北周的军事贵族，北周武帝时官至柱国大将军，封为隋国公，杨坚承袭父爵。

若弱按照原定的战略部署，规定凡守备江防的部队，每次调防时，都要在历阳（今安徽省和县一带地区）集中，并且遍插旌旗，广搭帐篷，用来迷惑敌人。果然，陈国以为隋军要来进犯，立即调集国内全部兵力严密防御，随时准备迎击。不料隋军始终没有进攻的举动，只不过是守备部队例行调防而已。渐渐地陈军对隋军的插旗、搭篷这一套作法习以为常，戒备又松懈下来。不久就把调来加强防御的重兵撤回。

588年10月，隋文帝见条件已经成熟，决定渡江灭陈。在发兵之前，还特地下诏揭露陈后主的罪恶，并抄写二十万份，派人暗地到江南各地散发，广造舆论，争取人心。随后，就派他的二儿子晋王杨广为兵马大元帅，率领五十万大军，从东海到永安郡（今四川省奉节县），兵分八路，浩浩荡荡同时渡江。

陈朝守军的告急文书，像雪片一样飞到建康（今江苏省南京市）。这时，陈后主才慌忙地召集大臣商议对策。都官尚书孔范故作镇静，说：『长江古称天堑，隋军难道能长翅膀飞过来不成？这不过是守边的将领谎报敌情，想要骗取奖赏罢了。杀他几个，就没有敢说谎话的了！』

昏庸的陈后主一听，又高兴起来，他竟然挺胸昂头地说：『这话有道理，建康自古是帝王之都，朕受天命当皇帝，怕什么？从前，北齐三次进犯，都失败了；北周两次入侵，也都碰了壁。今天，小小的杨坚还能成多大气候呢？』

开皇九年（589）正月初一的清晨，大雾茫茫，江面上伸手不见五指，当时陈朝君臣还在酣睡之中，而两支分别由大将贺若弼、韩擒虎率领的隋军，静悄悄地渡过了长江。然后汇合在一起，衔枚急进，马不停蹄，迅速接近并且包围了建康城。

当时，建康城里还有十几万陈朝军队，地势又险要，如果能很好地组织兵力，积极防守，是难以被攻破的。但是，陈后主昏聩无能，他见隋军兵临城下，急得没有一点主意，只是日夜哭泣。大将萧摩诃建议趁隋军还没有站稳脚跟，立即出兵攻打，一决胜负。孔范也对陈后主说：『臣以为应该出兵决战，如果战败，甚至战死了，还会青史留名！』陈后主听了他们的话，立即命令萧摩诃、任忠带兵出城决战。由于陈朝士兵长久没有训练，将士过惯了享乐生活，军心涣散、士气低落，毫无战斗力，两军一交手，陈军立即溃退，争相逃命。

将官任忠投降了隋军，带着隋将韩擒虎冲进建康城的正门朱雀门，向守城的陈军大声喊道：『连老夫都投降了，你们还打什么？』

守城士兵听了，便一哄而散。贺若弼活捉了萧摩诃，从北门冲进了建康城。

这时候，陈朝文武百官都已纷纷逃命，昏君陈后主还坐在殿上，等候捷报传来。忽然听到一片杀声，他才知道隋军已经打进城，吓得跳下宝座，跑往后宫。他找到张贵妃、孔贵嫔，一手拉着一个，想逃出宫去。刚逃到景阳殿的井边，听到前边杀声震天，陈后主自知无路可逃，就拉着两个妃子，一起跳进井中，因是枯井未死，都被隋军俘虏。

开皇九年正月二十二日，隋晋王杨广进入建康城，陈朝宣告灭亡。

（三）早在汉高祖刘邦在位时期，就曾封了很多刘姓的王，叫做『同姓王』，但后来这些同姓王的后裔却横行乡里，称霸一方，甚至对抗中央，不服从中央的命令。刘濞是刘邦的侄儿，经营吴地四十多年，后来蓄谋夺取中央政权。汉景帝前元三年一月，朝廷按照晁错的建议，下命削夺吴国的会稽、豫章两郡。刘濞

诸葛瑾

诸葛亮之兄，诸葛恪之父，经鲁肃推荐，为东吴效力。胸怀宽广，温厚诚信，得到孙权的深厚信赖，努力缓和蜀汉与东吴的关系。吕蒙去世后，诸葛瑾代吕蒙领南郡太守，驻守公安。孙权称帝后，诸葛瑾官至大将军，领豫州牧。

就以『杀晁错清君侧』为名，在广陵起兵，企图经函谷关进入长安。景帝在无奈之下杀了晁错，可还是没能阻止刘濞的进攻。刘濞与楚王串通，率吴、楚联军先攻景帝儿子刘武为王的梁国，攻破棘壁，大败梁军，趁势围攻梁国的都城睢阳。同时，其他几个诸侯也起兵反叛，形成七王联合反对汉廷之势。后来，太尉周亚夫率朝廷兵马平息了叛乱。历史上称这件事为『七王之乱』。

到了汉武帝时期，为了彻底削弱这些诸侯王的势力，同时也吸取了『七王之乱』的教训，武帝颁布了《推恩令》，内容主要是：诸侯王的王位除了由嫡长子继承以外，还可以用『推恩』（也就是广布恩惠，让更多人来享受这种特权）的形式对其他的儿子在本侯国内进行分封。新的侯国就脱离了原来王国的限制，在地域上独立，而且政治权力也基本被剥夺，受当地郡县官吏的管治。

这样，原来独立的地方王国就自动地将权力上交给了朝廷。这样一来，地方上的王侯只享受物质上的特权，即可以享用自己封地的租税，但是没有了以前的政治特权。《推恩令》妙就妙在，诸侯王无论执行与否，都只能削弱自己的实力。

如果执行，那么王国会越分越小，最后全部由朝廷接管；如果不服从，那么将会引起除长子的外其他儿子的不满，从而引发内讧。这样，诸侯王就陷入了进退两难的境地，最终只能自行瓦解。

原文 **进而不可御者，冲其虚也**①；**退而不可追者，速而不可及也**②。曹操曰：

卒往进攻其虚懈，退又疾也。○李筌曰：进者袭空虚懈怠；退者必辎重在先，行远而大军始退，是以不可追。后赵王石勒兵在葛陂，苦雨，欲班师于邺，惧晋人蹑其后。用张宾计，令辎重先行，远而不可及也。此筌以速字为远者也。○杜牧曰：既攻其虚，敌必败；败丧之后，安能追我？我故得以疾退也。○杜佑曰：冲突其虚空也。○梅尧臣曰：进乘其虚，则莫我御；退因其弊，则莫我追。何氏曰：兵进则冲虚，兵退则利速；我能制敌，而敌不能制我也。○张预曰：对垒相持之际，见彼之虚隙，则急进而捣之，敌岂能御我也？获利而退，则速还壁以自守，敌岂能追我也？兵之情主速，风来电往，敌不能制。**故我欲战，敌虽高垒深沟，不得不与我战者，攻其所必救也**③；曹操李筌曰：绝其粮道，守其归路，攻其君主也。○杜牧曰：我为主，敌为客，则绝其粮食，守其归路。若我为客，敌为主，则攻其君主。司马宣王攻辽东，直指襄平是也。○梅尧臣曰：攻其要害。○王皙曰：曹公曰：『绝粮道，守归路，攻君主也。』皙谓敌若坚守，但能攻其所必救，则与我战矣。若耿弇欲攻巨里以致费邑亦是也。**我不欲战，画地而守之**④，曹操曰：军不欲烦也。○李筌曰：拒境自守也。若入敌境，则用《天一遁甲》真人闭六戊之法，以刀画地为营也。○孟氏曰：以物画地而守，喻其易也。盖我能戾敌人之心，不敢至也。**敌不得与我战者，乖其所之也**⑤。曹操曰：乖，戾也。戾其道，示以利害，使敌疑也。○李筌曰：乖，异也。设奇异而疑之，是以敌不可得与我战。汉上谷太守李广纵马卸鞍（安），疑也。○陈皞曰：《左传》楚令尹子元伐郑，入自纯门，至于逵市，悬门不发。子元曰：『郑有人焉。』乃还。○贾林曰：置疑兵于敌恶之所，屯营于形胜之地，虽未修垒堑，敌人不敢来攻我也。○梅尧臣曰：画地，喻易也。乖其道而示以利，使其疑而不敢进也。○王皙曰：画地言易且明，制之必有道也。○张预曰：我为主，彼为客，我粮多而卒寡，彼食少而兵众，则利在不战；虽不为营垒之固，敌必不敢来与我战者，示以疑形，乖其所往也。若楚人伐郑，郑悬门不发。效楚言而出，楚师不敢进而遁。又司马懿欲攻诸葛亮，亮偃旗卧鼓，开门却洒，懿疑有伏兵，遂引而去。亦其义也。○杜牧曰：言敌来攻我，我不与战，设权变以疑之，使敌人疑惑不决，与初来之心乖戾，不敢与我战也。曹公争汉中地，蜀先主拒之。时将赵云守别屯，将数十骑轻出，卒遇大军。

注釋 ①进而不可御者，冲其虚也：此句言我军进击而敌无法抵御，是由于攻击点正是敌之虚懈处。御，抵御。冲，攻击、袭击。虚，虚懈之处。②退而不可追者，速而不可及也：此句意谓我军后撤而敌不能追击，是由于我后撤迅速，敌追赶不及。因此，撤退的主动权也操于我手。速，迅速、神速。及，赶上、追上。③故我欲战……攻其所必救也：此句意谓由于我已把握了作战主动权，故当我欲与敌进行决战时，敌不得不从命。之所以如此，是因为我所选择的攻击点，是敌之要害处。必救，必定救援之处，喻利害攸关之地。④画地而守之：画地而守，即据地而守，喻防守颇易。画，界限，指画出界限。⑤乖其所之也：此句意谓调动敌人，将其引往他处。乖，违、相反，此处有改变、调动的意思。之，往、去。

譯文 我们前进，敌人之所以无法抵御，是因为我们攻击的是敌人兵力空虚的薄弱环节；我们撤退，敌人之所以无法追击，是因为我们的行动神速敌人根本就追不上。因此，如果我军准备出兵决战，敌人主力即使有高高的城墙深深的壕沟可以据守，也会迫不得已出城与我军交战，这是因为我军攻击的是敌人必须加以救援的地方；如果我军不准备交战，哪怕只是在地上画一个阵形而防守，敌人也无法与我军决战，这是因为我们诱使敌人背离他所要走的方向。

释例五（一）184年，后汉将领朱俊进攻黄巾军于宛城，因寡不敌众，即围城筑土山以临城内，击鼓攻城西南角，黄巾军守将韩忠率众拥向西南面；朱俊自领精锐部队五千人，趁势攻城东北角，越土山而攻入城内。韩忠率余众退保小城，惶恐畏惧，乞求归降。

（二）嘉禾五年（236），孙权北征，派右都督陆逊与中司马诸葛瑾攻襄阳。陆逊派亲戚韩扁怀揣奏疏上报朝廷，返回途中，在沔中遇到敌人，敌人抓获了韩扁。

诸葛瑾听后，十分恐慌，写信给陆逊说：『大驾已还，敌人得到韩扁，将我们的虚实全部打听清楚了。而且河水快干了，最好是赶快离去。』陆逊未作答复，仍催促人种葑豆（一种蔬菜），与众将领下棋射箭游戏，一如平常。

诸葛瑾说：『陆伯言足智多谋，他这样做一定自有考虑。』于是亲自来见陆逊。

陆逊说：『敌人知道大驾已还，再不用为此筹谋，便专心对付我们。如今敌人已经守卫了要害之处，兵将已经出动。我们自己应当镇定自如以稳住部队，然后再巧施计谋，退出此地。如果今天就向敌人表明我们要走，敌人会以为我们害怕了，必然会来威逼我们，那就是必败之势了。』

于是秘密地与诸葛瑾定计，令诸葛瑾坐镇舟船，陆逊率领全部兵马向襄阳进发。敌人素来惧怕陆逊，见陆逊要攻襄阳，立即退回城中。诸葛瑾便引船而出，陆逊慢慢整顿好队伍，大张旗鼓地走上船。敌人不知究竟，不敢追击，于是陆逊全军安然退出。

（三）618年，农民起义军首领綦公顺占领了北海（今山东潍坊、益都等地）郡城。当时海陵城帅臧君相率领五万人前来争夺郡城。綦公顺因自己人少，闻讯非常恐慌。

长史刘兰成为他献计说：『臧君相现在离这里还远，肯定不加防备，请将军急速行军袭击他的军营。』綦公顺接受了他的建议，亲自带领五千骁勇，携带干粮，急速行军进攻臧君相。

快要到达时，刘兰成和二十名敢死兵士先行，距臧君相驻地五十里，见到君相手下出外掠夺的人肩挑背扛地向营地走去，刘兰成和他的手下人也背着蔬菜、粮食、炊具冒充抢夺的人，乘机进行侦察，了解了对方的军队番号以及主官的姓名。

傍晚，与敌方人员并肩进入营地，背着东西走遍了营地，了解到敌营的虚实以及夜里的暗号。于是在空地点火做饭，至三更时，突然在主将帐幕前拔刀乱砍，杀死一百多人。敌营受到惊扰，一时大乱。

这时綦公顺带领的部队赶到，向敌人猛烈进攻，臧君相只身逃跑，他的军队一下就被打垮了。綦公顺杀死和俘虏了几千人，缴获大批物资、粮食、武器，因此大大壮大了自己的队伍。

綦公顺偷敌兵的服装扮成敌兵模样换取详实的情报，从而取得了战争的胜利。

原文

故形人而我无形①**，则我专而敌分**②。杜佑曰：我专一而敌分散。○梅尧臣曰：他人有形，我形不见，故敌分兵以备我。○张预曰：吾之正，使敌视以为奇，吾之奇，使敌视以为正，形人者也。以奇为正，以正为奇，变化纷纭，使敌莫测，无形者也。敌形既见，我乃合众以临之；我形不彰，彼必分势以防备。**我专为一，敌分为十，是以十攻其一也**③，杜佑曰：我料见敌形，审其虚实，故所备者少，专为一屯。以我之专，击彼之散卒，为十共击一也。○梅尧臣曰：离一为十，我常以十分击一分。**则我众而敌寡**。杜佑曰：我专为一，故众；敌分为十，故寡。○张预曰：见敌虚实，不劳多备，故专为一屯。彼则不然，不见我形，故分为十处。是以我之十分，击敌之一分也。故我不得不众，敌不得不寡。**能以众击寡者，则吾之所与战者，约矣**④。杜牧曰：约犹少也。我深堑高垒，灭迹韬声，出入无形，攻取莫测。或以轻兵健马，冲其空虚；或以强弩长弓，夺其要害。触左履右，突后惊前。昼日误之以旌旗，暮夜惑之以火鼓。故敌人畏慑，分兵防虞。譬如登山瞰城，垂帘视外，敌人分张之势，我则尽知，我之攻守之方，敌则不测。故我能专一，敌则分离。专一者力全，分离者力寡。以全击寡，故能必胜也。○杜佑曰：言约少而易胜。○梅尧臣曰：以专击分，则我所敌少也。○王皙曰：多为之形，使敌备己，其实攻者则无形也，故我专敌分矣。专则众，分则寡；十攻一者，大约言耳。○何氏同杜牧注。○张预曰：夫势聚则强，兵散则弱。以众强之势，击寡弱之兵，则众力少而成功多矣。**吾所与战之地不可**

知⑤，杜佑曰：言举动微密，情不可见，使彼知所出而不知吾所举，知所举而不知吾所集。○张预曰：无形势故也。**不可知，则敌所备者多；**梅尧臣曰：敌不知，则处处为备。**敌所备者多，则吾所与战者寡矣⑥。**曹操曰：形藏敌疑，则分离其众备我也。言少而易击也。○王皙曰：与敌必战之地，不可使敌知之；知则并力得拒于我。○曹公曰：『形藏则敌疑。』○张预曰：不能测吾车果何出，骑果何来，徒果何从，故分离其众，所在辄为备，遂致众散而弱，势分而衰；是以吾所与接战之处，以大众临孤军也。**故备前则后寡，备后则前寡；备左则右寡，备右则左寡。无所不备，则无所不寡⑦。**杜佑曰：言敌之所备者多，则士卒无不分散而少。○梅尧臣曰：所备皆寡也。**寡者，备人者也⑧；众者，使人备己者也⑨。**曹操曰：上所谓形藏敌疑，则分离其众以备我也。○李筌曰：陈兵之地，不可令敌人知之；彼疑，则谓众离而备我也。○杜牧曰：所战之地，不可令敌人知之。我形不泄，则左右、前后、远近、险易，敌人不知，亦不知我何处来攻，何地会战，故分兵彻卫，处处防备，形藏者众，分多者寡；故众者必胜也，寡者必败也。○孟氏曰：备人则我散，备我则彼分。○杜佑曰：敌分散而少者，皆先备人也；敌所以备己多者，由我专而众故也。○梅尧臣曰：使敌愈备，则愈寡也。○王皙曰：左右前后俱备，则俱寡。何氏同诸注。』○张预曰：左右前后，无处不为备，则无处不兵寡也。所以寡者，为兵分而广备于人也；所以众者，为势专而使人备己也。

注釋 ①故形人而我无形：形人，使敌人现形。形，此处作动词，显露的意思。我无形，即我无形迹。②我专而敌分：我集中而敌分散。③是以十攻其一也：指我军在局部上对敌拥有以十击一的绝对优势。④吾之所与战者，约矣：此句言能以众击寡，则我欲击之敌必定弱小，难有作为。约，少、寡。⑤吾所与战之地不可知：即我准备与敌作战之战场地点敌无从知晓。⑥不可知，则敌所备者多；敌所备者多，则吾所与战者寡矣：此句意谓我与敌欲战之地敌既无从知晓，就不得不多方防备，这样，敌之兵力势必分散；敌之兵力既已分散，则与我局部交战之敌就弱小且容易战胜了。⑦无所不备，则无所不寡：即言如果处处设防，必然是处处兵力寡弱，陷入被动。⑧寡者，备人者也：言兵力之所以相对薄弱，在于分兵备敌。⑨众者，使人备己者也：言兵力所以占有相对优势，是因为迫使对方分兵备战。

譯文

所以，察明敌人的军情而使我军隐蔽得无影无形，就可以使我军集中兵力而使敌军兵力分散。我军兵力集中一处，敌人兵力分散十处，我军就可以用十倍于敌的兵力去攻打敌军，从而形成我众敌寡的绝对优势。既然能造成以众击寡的态势，那么我军所攻击的敌军就必然势单力弱。我军计划与敌军决战的地方，敌人是不可能知道的，敌人不知道决战的地方，就会在很多地方设防守备；敌人防备的地方多了，兵力就会分散，那么，我军进攻所面对的敌军数量就少了。所以说，防御了前面，后面的兵力就一定减少，防御了后面，前面的兵力就一定减少；防御了左边，右边的兵力就会减少，防御了右边，左边的兵力就会减少。所有的地方都设防，那么所有的地方兵力都会减少。兵力缺少，是由于要处处被动地防备别人的进攻；兵力众多，是由于主动设法使得敌

细柳式车

前158年，匈奴进犯中土。周亚夫在细柳营驻军，防卫京城。汉文帝为了激励士气，亲自到各个军营去慰勉将士。他到各处军营时，都可以长驱直入，唯独到了细柳营被阻拦在外，只得凭借符节传令。进入军中，车马都只能缓步移动，不得奔跑。文帝称赞周亚夫教导有方，细柳军纪律严明。

人处处要防备自己。

释例六 前154年春，吴楚七国造反，汉景帝派太尉周亚夫到了荥阳。周亚夫留下一部分人马，自己带领着大军退到昌邑。他吩咐将士们坚决遵守『只守不攻』的命令。一天晚上，吴兵奔到周亚夫坚守的城池，在东南面骚扰。亚夫派人在西北面防备，果然吴兵从西北面进攻。吴兵攻不进城，大多因饥饿而反叛或逃散了。

原文 **故知战之地，知战之日，则可千里而会战**①。

曹操曰：以度量知空虚会战之日。〇杜牧曰：宋武帝使朱龄石伐樵纵于蜀，宋武曰：『往年刘敬宣出内水向黄武，无功而退。贼谓我今应从外水来，而料我当出其不意，犹从内水来也，如此必以重兵守涪城，以备内道，若向黄武，正堕其计。今以大众自外取成都，疑兵向内水，此则制敌之奇也。』而虑此声先驰，贼知虚实，别有函书全封付龄石。函边书曰：『至白帝乃开。』诸军未知处分所由。至白帝，发书曰：『众军悉从外水取成都，臧熹、朱林于中水取广汉，使羸弱乘高舰十余，由内水向黄武。』谯纵果以重兵备内水，龄石灭之。〇梅

涌金门张顺归神

张顺随宋江攻方腊，潜水近涌金门。因对地形不熟，惊动南军，被滚石和擂木砸死。

尧臣曰：若能度必战之地，必战之日，虽千里之远，可克期而与战。

不知战地，不知战日，则左不能救右，右不能救左，前不能救后，后不能救前，而况远者数十里，近者数里乎？杜牧曰：管子曰：『计未定而出兵，则战而自毁也。』○杜佑曰：敌已先据形势之地，己方趣利欲战，则左右前后，疑惑进退，不能相救，况十数里之间也。○梅尧臣曰：不能救者，寡也。左右前后，尚不能救，况远乎？○张预曰：不知敌人何地会兵，何日接战，则所备者不专，所守者不固；忽遇勍敌，则仓速而与之战，左右前后犹不能相援，又况首尾相去之辽乎？

注释 ①『故知战之地』一句：如能预先了解掌握战场的地形条件与交战时间，则可以赴千里与敌交战。

譯文 所以，只要能预料在什么地方打仗，在什么时候打仗，即使是行军千里也可以前去与敌人交战。如果不能预料在什么地方打仗，不知道在什么时候打仗，那么就会陷于左军不能救援右军、右军不能救援左军、前军不能救援后军、后军不能救援前军的被动局面，更何况远的相隔几十里、近的也要相隔几里，又怎样能应付自如呢？

原文 **以吾度①之，越人之兵虽多②，亦奚益于胜败哉③？** 曹操曰：越人相聚，纷然无知也。或曰：吴越，仇国也。○李筌曰：越，过也。不知战地及战日，兵虽过人，安能知其胜败乎？○陈皞曰：孙子为吴王阖闾论兵，吴与越仇，故言越。谓过人之兵，非义也。○贾林曰：不知战地，不知战日，士众虽多，不能制胜败之政，亦何益也。○张预曰：吾字作吴，字之误也。吴越邻国，数相侵伐，故下文云：吴人与越人相恶也。言越国之兵，虽曰众多，但不知战地战日，当分其势而弱也。**故曰：胜可为也④，**杜牧曰：为胜在我，故言可为也。○孟氏曰：若使敌不知战地期日，我之必胜，可常有也。○梅尧臣同杜牧注。○王皙、何氏同孟氏注。**敌虽众，可使无斗。**杜牧曰：以下四事度量之，敌兵虽众，使其不能与我斗胜也。○孟氏曰：敌虽多兵，我能多设变诈，分其形势，使不能并力也。○贾林曰：敌虽众多，不知己之兵情，常使急自备，不暇谋斗。○梅尧臣曰：苟能寡，何有斗？○王皙曰：多益不救，奚所恃而斗？○张预曰：分散其势，不得齐力同进，则焉能与我争？

注释 ①度：推测、推断。②越人之兵虽多：越人之兵，越国的军队。春秋时期，吴、越之间长期征伐不已。孙子为吴王论兵法，自然以越国为吴的假想敌。③亦奚益于胜败哉：意谓越国军队人数虽众，然不能知众寡分合的运用，则岂利于其取胜之企图。奚，何、岂。益，补益、帮助。④胜可为也：即言胜利可以积极造成。为，造成、创造、争取之意。

譯文 依我的分析来看，越国的军队数量即便众多，但对决定战争的胜败又有什么帮助呢？所以说，胜利是可以努力争取的。敌军的兵力虽然很多，但是可以让他们没有战斗力，反而无法参战。

原文 **故策之而知得失之计**①，李筌曰：用兵者取胜之兵法可制。《太一遁甲》五将之计，以定关格掩迫之数，得失可知也。○孟氏曰：策度敌情，观其施为，则计数可知。○贾林曰：樽俎帷幄之间，以策筹之，我得彼失之计，皆先知也。○杜佑曰：策度敌情，观其所施，计数可知。○梅尧臣曰：彼得失之计，我以算策而知。○王皙曰：策其敌情，以见得失之数。○张预曰：筹策敌情，知其计之得失，若薛公料黥布之三计是也。**作之而知动静之理**②，○贾林曰：善觇候者，必知其动静之理。○杜佑曰：喜怒动作，察其举止，则情理可得。故知动静权变，为其胜负也。○梅尧臣曰：彼动静之理，因我所发而见。王皙同：候其理当动以否。○张预曰：发作久之，观其喜怒，则动静之理，可得而知也。若晋文公拘宛春，以怒楚将子玉，于玉遂乘晋军，是其躁动也。诸葛亮遗中帼妇人之饰，以怒司马宣王，宣王终不出战，此是其安静也。**形之而知死生之地**③，李筌曰：夫破阵设奇，或偃旗鼓，形之以弱；或虚列灶火幡帜，形之以强。投之以死，致之以生，是以死生因地而成也。韩信下井陉，刘裕过大岘，则其义也。○杜牧曰：死生之地：盖战地也。投之死地必生，置之生地必死。言我多方误挠敌人，以观其应我之形，然后随而制之，则死生之地可知也。○张预曰：形之以弱，则彼必进；形之以强，则彼必退。因其进退之际，则知彼所据之地死与生也。上文云，『善动敌者，形之，敌必从之』，晕也。死地，谓倾覆之地；生地，谓便利之地。

角之而知有余不足之处④。曹操曰：角，量也。○李筌曰：角，量也，量其力精勇，则虚实可知也。○王皙曰：角，谓相角也。角彼我之力，则知有余不足之处，然后可以谋攻守之利也。此而上亦所以量敌知战。○张预曰：有余，强也；不足，弱也。角量敌形，知彼强弱之所。唐太宗曰：『凡临阵，常以吾强对敌弱，常以吾弱对敌强。』苟非角量，安得知之？

注釋 ①策之而知得失之计：此句言我当仔细筹算，以了解判断敌人作战计划之优劣。策，策度、筹算。得失之计，即敌计之得失优劣。②作之而知动静之理：意谓挑动敌人，借以了解其活动的一般规律。作，兴起，此处指挑动。动静之理，指敌人的活动规律。③形之而知死生之地：言以示形于敌的手段，来了解敌方的优劣环节。此句形之，以伪形示敌。死生之地，指敌之优势所在或薄弱环节、致命环节。地，同下文『处』，非实指战地。④角之而知有余不足之处：此句言要通过与敌进行试探性较量，来掌握敌人的虚实强弱情况。角，较量。有余，指实、强之处。不足，指虚、弱之处。

譯文 所以，要通过认真的算计来分析敌人作战计划的优劣得失；通过挑动引逗敌人来了解敌人的活动规律；通过示形诱敌来了解敌人的有利条件和致命弱点；通过战斗侦察来了解敌人兵力部署的虚实强弱。

釋例七 （一）573年，南朝陈大将吴明彻进攻北齐，迫进寿阳。齐派遣王琳移守寿阳，吴明彻乘夜率兵往攻，破入外郭，王琳等退保内城。齐遣皮景和率众数十万救寿阳，距城三十里，顿兵不进。陈军闻报，都问明彻：『坚城没攻下，大敌临近，元帅将何法对待？』

明彻道：『救兵如救火，彼结营不进，显然是不敢来战，怕他什么！我料这座寿阳城，定然旦夕可下了。』

第二日早起，令士兵饱餐一顿，自己也亲擐甲胄，上马誓众，决破此城。当即出马督攻，四面攀援，鼓噪而上。守将王琳等巷战至暮，均力屈被擒。皮景和慌惧退走。

（二）221年7月，刘备率领部队几十万人，发动了对东吴的大规模战争。孙权求和不成，只得准备应战。他为了增强吴军的防御力量，任命陆逊为大都督，统率五万人抗拒蜀军。

222年正月，刘备率主力从秭归抵达猇亭，设立了大本营。吴国将领都主张立刻迎战。陆逊认为刘备居高守险，锐气正盛，应当避开蜀军锋芒，等待机会破敌。陆逊通过大胆的战略撤退，占据有利于己、不利于敌的夷道（今湖北宜都西）和猇亭一线后，停止撤退，转入防御，阻止蜀军前进。蜀深入吴境五六百里，从建平（今四川巫山）到彝陵设置了几十个军营。

陆逊看到刘备处处设营，兵力分散，部队士气沮丧，反攻条件已经成熟，先派出一部分兵力进行试探性的进攻。通过这次试攻，找到了火攻蜀军的办法。陆逊命令士兵各持一把茅草，乘夜顺风放火，蜀军大乱。陆逊乘势发起反攻，迅速攻破四十多座蜀军

陆逊定计破蜀

陆逊字伯言，本名陆议，吴郡吴人也。世江东大族，三国时期吴国大臣，著名的军事家。赤壁之战后，吴蜀的矛盾越来越大，蜀因羽被吴斩迁怒与吴，举七十五万精兵深入吴境六百里。初吴将陆逊令不与蜀交战，两军对峙春夏两季，蜀军疲而联营树荫七百余里。吴把握战机，火烧蜀军。

营寨，蜀军土崩瓦解，大部战死或逃散，车船和军用物资也全部丧失。刘备乘夜逃走，靠驿站人员焚烧溃兵丢弃的装具堵塞山道才得以摆脱追兵，逃回白帝城（今四川奉节东）。

原文 **故形兵之极，至于无形①。无形，则深间不能窥，智者不能谋②。**李筌曰：形敌之妙，入于无形，间不可窥，智不可谋，是谓形也。杜牧曰：此言用兵之道，至于臻极，不过于无形。无形，则虽有间者深来窥我，不能知我之虚实。强弱不泄于外，虽有智能之士，亦不能谋我也。梅尧臣曰：兵本有形，虚实不露，是以无形，此极致也。虽使间者以情钧，智者以谋料，可得乎？王皙曰：制兵形于无形，是谓极致，孰能窥而谋之哉？何氏曰：行列在外，机变在内，因形制变，人虽窥测，可谓神微。张预曰：始以虚实形敌，敌不能测，故其极致，卒归于无形。既无形可睹，无迹可求，则间者不能窥其隙，智者无以运其计。**因形而错胜于众③，众不能知。**曹操曰：因敌形而立胜。李筌曰：错，置也。设形险之势，因士卒之勇，而取胜焉。军事尚密，非众人之所知也。杜牧曰：窥形可置胜败，非智者不能，固非众人所能得知也。梅尧臣曰：众知我能置胜矣，不知因敌之形。何氏曰：因敌置胜，众不能知。张预曰：因敌变动之形以置胜，非众人所能知。**人皆知我所以胜之形④，而莫知吾所以制胜之形⑤。**曹操曰：不以一形之胜万形。或曰：不备知也。制胜者，人皆知吾所以胜，莫知吾因敌形制胜也。李筌曰：战胜，人知之；制胜之法幽密，人莫知。杜牧曰：言已胜之后，但知我制敌人，使有败形，本自于我，然后我能胜之也。上文云：近而示之远，远而示之近，利而诱之，乱而取之，实而备之，强（疆）而避之，怒而挠之，卑而骄之，秩而劳之，亲而离之，斯皆制胜之道，人莫知之也。陈皞曰：人但知我胜敌之善，不能知我因敌之败形。梅尧臣曰：知得胜之迹，而不知作胜之象。王皙曰：若韩信背水拔帜是也。人但见水上军殊死战，不可败，及赵军惊乱遁走，不知吾能制使之然者，以何道也。张预曰：立胜之迹，人皆知之，但莫测吾因敌形而制此胜也。**故其战胜不复，而应形于无穷。**曹操曰：不重复动而应之也。○李筌曰：不复前谋以取胜，随宜制变也。○杜牧曰：敌每有形，我则始能随而应之以取胜。○杜佑曰：死官也。○贾林曰：应敌形而制胜，乃无穷。○梅尧臣曰：不执故态，应形有机。○王皙曰：夫制胜之理惟一，而所胜之形无穷也。○何氏曰：已胜之分，不再用也。敌来斯应，不循前法，故不穷。○张预曰：已胜之后，不复更用前谋，但随敌之形而应之，出奇无穷也。

注释 ①故形兵之极，至于无形：此句言我示形于敌，使敌不得其真，以致形迹俱无。形兵，指军队部署过程中的伪装佯动。②深间不能窥，智者不能谋：示形佯动达到最高境界，则敌之深间也无从推测底细，聪明的敌人也束手无策。间，间谍。深间，指隐藏极深的间谍。窥，刺探、窥视。③因形而错胜于众：此句言依据敌情而取胜，将胜利置于众人面前。因形，根据敌情而灵活应变。因，由、依据。错，同『措』，放置、安置之意。④人皆知我所以胜之形：人们只知道我克敌制胜的情况。形，形状、形态，这里指作战方式、方法。⑤制胜之形：取胜的奥妙、规律。

譯文　伪装示形诱敌运用到极点，就能达到不显露一点痕迹的最高境界。不露痕迹，使深藏于我军内部的间谍不能看到蛛丝马迹，使很高明的敌军将领都不能想出应付的方法来。把根据具体情况而采取灵活的战术战胜敌人的事实摆在众人面前，众人也不能清楚其中的奥妙所在；人们都知道我军取胜的战术，却不能真正知道我军所用战术必然克敌制胜的精要。因为每一次作战取胜所采用的战术都不是简单的重复，而是针对不同的敌情灵活运用、无限变化。

釋例八　前353年，魏国联同赵国去攻打韩国。齐王派田忌为将，而以孙膑为军师，一同前往求韩。孙膑用灭灶诱敌，魏将庞涓抛下步兵辎重，只带轻装健儿昼夜兼程，拼命追赶齐军。孙膑计算他的行程，算定他在黄昏日暮时刻会赶到马陵。马陵路狭道窄，两旁又多险阻。孙膑命兵士砍些树以堵塞去路，并选一棵大树，将那大树面向大路的树干削去树皮，上书『庞涓死于此树之下』八个大字。又令善于射箭的人夹道埋伏，约定晚间但见树底下有人点火，就万弩齐发。庞涓果然率兵赶到那棵大树底下，看见树身仿佛有字，令点火照看，字还没读完，箭如雨下，魏军大乱。庞涓自知难逃，遂拔剑自刎。这是孙膑料到在什么地方、什么时候同敌交战而获胜。

释例九 817年10月，李愬奇袭蔡州成功，率领军队回到文城栅，将领们向他请教道：『开始公指李愬败于朗山而不忧虑，胜于吴房而不攻取，冒大风雪而不中止，孤军深入而不畏惧，但终于成功，这都是大家所不能理解的，请问这究竟是什么道理？』

李愬说：『在朗山失利，贼军轻视我而不作防范。攻取吴房，则贼众逃进蔡州，全力固守，所以得把吴房留下，使贼军分散兵力。风雪阴晦，则烽火接不上，无从知道我军到达。孤军深入，则人人都拼死，战斗力自然就倍增。要看得远的人不会去看近处，考虑大处的人不会计较细微的末节。如果小胜就骄傲，小败就忧虑失措，把自己先扰乱了，怎谈得上立功呢？』大家都心服。

原文 **夫兵形象水**①，孟氏曰：兵之形势，如水流迟速之势，无常也。**水之形，避高而趋下，**梅尧臣曰：性也。**兵之形，避实而击虚。**梅尧臣曰：利也。○张预曰：水趋下则顺，兵击虚则利。**水因地而制流，**杜牧曰：因地之下。○梅尧臣曰：顺高下也。○张预曰：方圆斜直，因地而成形。**兵因敌而制胜**②。李筌曰：不因敌之势，吾何以制哉？夫轻兵不能持久，守之必败；重兵挑之必出。怒兵辱之，强兵缓之，将骄宜卑之，将贪宜利之，将疑宜反间之，故因敌而制胜。○杜牧曰：因敌之虚也。贾林曰：见敌盛衰之形，我得因而立胜。○杜佑曰：言水因地之倾侧而制其流，兵因敌之亏阙而取其胜者也。○梅尧臣曰：随虚实也。○王皙曰：谓堤防疏导之也。

何氏曰：因敌强弱而成功。○张预曰：虚实强弱，随敌而取胜。**故兵无常势，**梅尧臣曰：应敌为势。○张预曰：敌有变动，故无常势。**水无常形**③，梅尧臣曰：因地为形。○孟氏曰：兵有变化，地有方圆。○张预曰：地有高下，故无常形。**能因敌变化而取胜者，谓之神。**曹操曰：势盛必衰，形露必败，故能因敌变化，取胜若神。○李筌曰：能知此道，谓之神兵也。○杜牧曰：兵之势，因敌乃见；势不在我，故无常势。如水之形，因地乃有；形不在水，故无常形。水因地之下，则可漂石；兵因敌之应，则可变化如神者也。○梅尧臣曰：随而变化，微不可测。○王晳曰：兵有常理，而无常势；水有常详，而无常形。兵有常理者，击虚是也；无常势者，因敌以应之也。水有常性者，就下是也；无常形者，因地以制之也。夫兵势有变，则虽败卒，尚复可使击胜兵，况精锐乎？○何氏曰：行权应变在智叩；智略不可测，则神妙者也。○张预曰：兵势已定，能因敌变动，应而胜之，其妙如神。

注釋　①兵形象水：用兵的规律如同水的运动规律一样。兵形，用兵打仗的方式方法，亦可理解为用兵

李愬雪夜人蔡

李愬，字元直，洮州临潭（今属甘肃）人，唐朝名将。有韬略，善骑射。起初任地方刺史之职，816年任节度使，率兵讨伐吴元济的叛乱。他善于观察形势，选择战机。次年冬，乘敌松懈，雪夜攻克蔡州，生擒吴元济，进授山南东道节度使，封凉国公。

的规律。②水因地而制流，兵因敌而制胜：此句意谓水之流向受地形高低不同的制约，作战中的取胜方法则依据敌情不同来决定。制，制约、决定。制胜，制服敌人以取胜。③兵无常势，水无常形：即言用兵打仗无固定刻板的态势，似流水一般无一成不变之形态。常势，固定永恒的态势。势，态势。常形，一成不变的形态。

譯文 用兵打仗的规律就像水的流动规律一样。水流的规律是脱离高处而流向低处，用兵打仗的规律是避开敌军有实力的地方，攻击其虚弱的地方。水根据地势的高低而决定其流向，用兵打仗则要根据敌人的虚实来选择不同的制胜方法。所以说，用兵打仗没有固定的形式，水流也没有固定不变的形态。能够根据敌情的变化而采取相应战术取得胜利，就可以说是『用兵如神』。

釋例十（一）前353年，魏国攻打赵国，赵国情况危急，向齐国求援。齐威王要让孙膑担任主将，孙膑推辞道：『我是受过刑的人，不能担任主将。』于是就用田忌做主将，以孙膑为军师，让他在有篷帐的车子里，坐着为田忌出谋划策。

田忌打算率领军队到赵国去。

孙膑说：『想要解开乱丝的人，可不能攥紧拳头使劲；劝解斗殴的人，可不能投入搏击。避实击虚，能使敌人造成困难形势，那么他自己就会解围了。如今魏国跟赵国打仗，魏国的精锐部队必定全都在外，老弱残兵留守在国内。您不如领兵直奔大梁，占据它的交通要道，冲击他们防务空虚的地方，他们必定放下赵国回军来救自己。这样我们一下子既给赵国解了围，又使得魏军疲惫不堪。』

田忌听从了孙膑的意见。魏军果然离开邯郸，急忙赶回大梁相救，在桂陵（今山东菏泽东北）地方与齐军遭遇，疲惫不堪的魏军被齐军打得大败，赵国之围也就解除了。

（二）782年，田悦在魏博称王，反抗唐室。唐德宗诏马燧征讨他。田悦知马燧缺粮，故坚壁不战。马燧命令诸军持十日粮，进屯仓口，与田悦夹水列营。命军士就水造桥，建成三座，每日分兵过桥，前往挑战。悦只坚壁不出，设伏兵万人，将袭击燧军。燧军诸军沿洹水而指向魏州。田悦探得消息，率李纳等军四万多人，渡河攻营。马燧率军与悦军接战，李抱真等军也还斗，拼命杀入，悦众相率败走。

李抱真问马燧道：『粮饷不多，遽行深入，究是何因？』

燧答道：『我无非为速战起见。试想魏博三镇，连兵不动，意欲坐老我师，可以不战屈人。我若分军击其左右，悦必往救，我反腹背受敌，战必不利。今特进军攻田悦，捣他中坚，这就是兵法上所说的攻其所必救，所以向魏州进军以破敌人。』抱真等称其言极是。

釋例十一 前128年，匈奴进了上郡，汉朝廷派李广去打匈奴。李广带了一百来个骑兵离开大营，瞧见在不很远的地方有好几千匈奴骑兵。李广带着这一小队兵马又往前走了二里地，下命令说：『大家下马，把马鞍子也拿下来，消消停停地休息一会儿。』

那些兵士说：『匈奴兵马这么多，又这么近，要是他们打过来，怎么办？』

李广说：『咱们一走，他们准下来，咱们还是安安静静地在草地上躺一会儿吧。』

匈奴的大军果然不敢下来。快到半夜了，汉兵还在那儿待着。匈奴料定附近准有汉兵埋伏着，生怕半夜里来了发动总攻击，于是便匈奴大军偷偷地退回去了。

释例十二 234年，蜀相诸葛亮领军出斜谷，魏将司马懿驻守渭南；几天之后，诸葛亮领大军西行，懿统下诸将都认为蜀军要进攻西围，惟独郭淮以为是见形于西，想使魏军分兵应战，其攻击之处必是阳遂。当夜蜀军果然进攻阳遂，因为守城有备而未克。

释例十三（一）前632年4月，晋军在莘北摆开阵势，楚将子玉用若敖的一百八十乘兵车率领中军，说：『今天就一定没有晋国了。』子西率领左军，子上率领右军。两军决战开始，晋下军副将胥臣将马蒙上老虎皮，出其不意地率兵首先向薄弱的楚右军（陈、蔡两

马燧披心示贼

马燧，字洵美，唐朝名将。汝州郏城（今河南郏县）人，少时即学兵书战策，为人沉勇多智略。784年，朔方节度使李怀光叛乱，占领河中要塞长春宫，大将马燧一人来到朔方军营地，拉开衣襟，袒露胸膛，劝降朔方军，以真挚诚恳打动兵士。

诸葛亮三出祁山

《三国演义》叙述说，诸葛亮前后六次出祁山，企图消灭魏国，但却寸功未得。诸葛亮为先帝刘备统一大业忧心不已，积劳成疾，后终病逝。而蜀国，也被魏国消灭。

军）冲击。陈、蔡两军败逃，楚军的右翼部队溃散。接着，晋上军主将狐毛派出前军两队击退楚军的溃兵。接着，狐毛在车上竖起两面指挥大旗，后退诱敌；下军主将栾枝命令部队在车后拖着树枝，扬起尘土，也伪装败退。子玉不知是计，命令子西率领左军追击。晋将先轸、郤溱见楚军被引诱过来，便率领中军拦腰袭击，狐毛、狐偃率领上军夹攻楚左军，楚左军退路被切断，陷入重围，大部被歼。子玉看到左右两军都失败，急忙下令收兵，才保住了中军，退出战场。于是城濮之战以晋胜楚败而告结束。

（二）684年9月，徐敬业在徐州起兵。10月，武则天令李孝逸、魏元忠率兵征讨。当时徐敬业屯驻下阿溪，派弟徐敬猷进逼淮阴。魏元忠向李孝逸献计，宜率轻骑去进攻淮阴。诸将不同意，说：『应先攻敬业。若先攻淮阴，徐敬业必定救援，我军两面受敌，如何自全？』元忠说：『避实击虚，是兵家至计。敬业精锐，尽在下阿溪，利在速战，我若一败，大事已去。

徐敬猷出自赌徒，不懂用兵战略，兵力薄弱，大军一到即能攻破。徐敬业虽想引兵去援助，恐怕已经来不及。我军乘胜前进，虽有韩信、白起，恐怕也不能抵挡了。』李孝逸听从了，就进军攻淮阴，徐敬猷兵败脱身逃遁。于是魏元忠直接进攻徐敬业，敬业兵败逃入江都，后为其部将所杀。

原文

故五行无常胜①，杜佑曰：五行更王。○王皙曰：迭相克也。**四时无常位**②，杜佑曰：四时迭用。○王皙曰：迭相代也。**日有短长，月有死生**③。曹操曰：兵无常势，盈缩随敌。○李筌曰：五行者，休囚王相递相胜也。四时者，寒暑往来无常定也。日月者，周天三百六十五度四分度之一。百刻者，春秋二分则日夜均，夏至之日昼六十刻、夜四十刻，冬至之日昼四十刻、夜六十刻，长短不均也。月初为朔，八日为上弦，十五日为望，二十四日为下弦，三十日为晦，则死生义也。孙子以为五行、四时、日月盈缩无常，况于兵之形变，安常定也？○梅尧臣曰：皆所以象兵之随敌也。○王皙曰：皆喻兵之变化，非一道也。○张预曰：言五行之休王，四时之代谢，日月之盈员，皆如兵势之无定也。

注釋

①故五行无常胜：孙子此言谓其相生相克间变化无定数，如用兵之策略奇妙莫测。五行，木、火、土、金、水。古代认为这是物质组成的基本元素。战国五行学说认为这五种元素的彼此关系是相生又相胜（相克）的。②四时无常位：此言春、夏、秋、冬四季推移变换永无止息。四时，指四季。常位，指一定的位置。③日有短长，月有死生：此句意谓白昼因季节变化有长有短，月亮循环因而有盈亏晦明。此处孙子言五行、

四时及日月变化，均是『兵无常势』之意。日，指白昼。死生，指月盈亏晦明的月相变化。

譯文 所以说五行（金、木、土、水、火）相生相克，没有哪一行占绝对优势；四时（春、夏、秋、冬）轮回更替，没有哪一季可以固定不动。一年之中，白天有时长，有时短；一月之内，月亮也是有盈有亏、有明有晦。

釋例十四 （一）1929年对白崇禧来说是十分倒霉的一年。年初，张学良枪毙了杨宇霆，一下子使白崇禧的『奉桂合作』计划化作泡影。接着，蒋介石以国民革命军总司令的身分意欲削去白崇禧的兵权。当时白崇禧的部队相当一大部分是在西征唐生智时收编过来的，稍有风吹草动，难免图谋不轨。白崇禧的一些部下，密谋把白崇禧绑架送交蒋介石。

素有『小诸葛』之称的白崇禧此时处境危险，可他不想束手就擒，决定用计秘密逃出北平。

白崇禧首先乘自己的小轿车驶入一家德国人办的医院，在卫兵和随从的搀扶下进入医院的住院部。过了一会儿，卫兵和随从出来了，坐上小轿车原路驶回。此举让人们自然以为白崇禧已住院就医了。

然而，就在白崇禧的小轿车离开医院的同时，医院的后门也有一辆小轿车匆匆启动。这辆车里坐着的正是白崇禧，只不过他已换了外衣，戴上墨镜和假胡子罢了。

当晚，白崇禧的参谋长王泽民以过生日的名义，在东来顺老店大宴宾客，白崇禧的第四集团军所属团以上部队军官都在邀请之列。开始的时候，众人对于白崇禧不露面，认为是摆总指挥的架子，故意姗姗来迟。直至酒过三巡，仍不见他大驾光临，有人便询问此事。

王泽民说：『健生（白崇禧）兄因足疾复发，已住院治疗，所以无法出席。』话音刚落，满座议论纷纷。

就在这些军官酒酣耳热之时，白崇禧乘坐一列军车悄悄离开北平，趁着浓重的夜色向东驶去。

白崇禧运用金蝉脱壳之计安全脱身，使那些想绑架他向蒋介石报功的军官们如猴子捞月亮，空欢喜一场。

（二）斯巴达克是两千多年前古罗马最大的一次奴隶起义的领袖。他善于谋略，智慧过人，领导英勇的起义军给奴隶主政权以沉重的打击。

斯巴达克在背临大海、两侧是悬崖的维苏威山集结起义军。罗马帝国指派克劳狄乌斯带着官兵前去镇压。克劳狄乌斯扼守住维苏威山的唯一通道，并设下层层障碍，企图将起义军困死在山上。看着维苏威山上遍地生长的野葡萄藤，斯巴达克心生一计。他让大家用野葡萄藤编成长长的软梯，然后顺着软梯跃过悬崖悄悄迂回到敌人的背后。起义军的突袭令罗马官兵不知所措，狼狈而逃。

克劳狄乌斯遭惨败之后，瓦涅又带着两个军团前来镇压起义军。连续的恶战使起义军粮草断绝，不少士兵染上疾病，面临覆火的险境，为了冲出重围，斯巴达克让士兵们把死尸绑在营前伪装成哨兵，又留下几个号兵定时吹号。整个军营看上去和平常一样。而此时，斯巴达克率领大军偷偷地从敌人认为无法通过的山路突出重围。

恼羞成怒的罗马统治者又任命克拉苏为统帅带兵前去镇压起义军。克拉苏在起义军必经的半岛狭窄处挖了一条长长的壕沟，沟边修筑高大的防护墙，设重兵把守，企图把起义军困死在半岛上。在一个大雪纷飞的夜晚，斯巴达克命令起义军靠近壕沟，燃起篝火，并在篝火旁吹笛子，敲皮鼓，跳舞蹈。按当时的习俗，奴隶们在临死前要进行一次娱乐。起义军这一举动让敌人放松了戒备和警惕。在敌人困乏之时，斯巴达克指挥起义军用随身携带的木料、冻土等很快填平了壕沟，奇迹般地冲出了封锁线。

斯巴达克多次运用金蝉脱壳之计化险为夷。可见，金蝉脱壳是一种摆脱敌人、转移或者撤退的脱身之术。对于军事指挥员来说，不仅要进攻有术，而且要撤退有法，因此，金蝉脱壳之计不可不用。

（三）1206年，南宋将领毕再遇率领宋军同金兵作战，因金兵的增援部队越来越多，毕再遇感到寡不敌众，就决定撤退。

在同金兵作战中，毕再遇总是令宋军擂鼓不止。他认为，这样既可以威慑敌人，又能鼓舞宋军的士气。

在与众将商议撤退之事的时候，毕再遇说：『目前敌众我寡，不能再战，为保存我军实力，只有主动撤退。当然，撤退必须悄悄地进行。可是如果我们军营中没有了军鼓声，肯定会被敌人发现。我有一计，可以保证我军安全撤离。』

于是，宋军依毕再遇吩咐，找来许多羊，在临行之前，将羊倒吊在树上，让羊的两只前蹄抵在鼓面上。羊被吊得难受，就使劲挣扎，两只前蹄不停地乱动，这样宋营中鼓声齐响。宋军也不拔营，全部人马轻装简从，悄悄地撤离营地。

金兵听到宋营鼓声不断，认为宋军仍在营中，依旧调兵遣将，准备大举进攻宋军。好几天过去了，宋营内只有鼓声，看不见人动，金将开始怀疑，赶紧派人侦察，这才发现击鼓的都是羊，宋军早已远走高飞了。

金将如梦方醒，叹道：『我们中了毕再遇的金蝉脱壳之计了。』

（四）北周建德五年（576），周武帝宇文邕大举进攻北齐，以他的弟弟宇文宪为前锋，把守雀鼠山谷。周武帝亲自率兵围困晋州后，宇文宪相继攻克了洪洞和永安二县城，并图谋更大的进取。北齐后主高纬听说晋州被围，也亲自率兵增援解救。当时陈惑王宇文纯屯守在晋州通往太原的交通要道千里径，大将军永昌公宇文椿屯守鸡栖原，大将军宇文盛把守汾水关。他们都受宇文宪的统一调度。

宇文宪暗自告诉宇文椿说：『用兵打仗是一种诡诈的行为。你现在为营扎寨，不一定架设幕帐，可砍伐柏树搭成驻军小屋，以向敌军显示处所。

这样即使撤离之后，敌军还会被小屋所惑。』齐后主高纬这时正分调一万名官兵向千里径挺进，又命令一部分士卒出击汾水关，自己则亲率大军和宇文椿在鸡栖原对阵。把守汾水关的宇文盛向宇文宪告急求援，宇文宪亲自解救，迅速打败齐军，宇文盛和柱国将军侯莫陈芮乘胜追击，斩杀和缴获了许多齐军与武器。

不久宇文椿又向宇文宪报告说，齐主大军正向我方营地逼近。宇文宪又率兵相救，恰在这时，周武帝诏宇文椿返回。宇文椿遂奉命率部连夜撤离了鸡栖原。当齐军到达鸡栖原时，果然把柏树搭成的临时小屋当作北周的驻军营帐，而不怀疑周军已经撤退，也不敢轻意进取，直到第二天才发现中计上了当。

疑阵惑敌是古代军事中常用的一种谋略，宇文宪柏庵为帐法即是其中的一例。此计妙在就地取材，伐木为营，不仅减少了军用幕帐的架设与拆除工作，也为紧急撤退时以假代真奠定了基础。由于它无需拆除，这就保持了营地的形貌，宇文椿又是乘夜回师，取得了金蝉脱壳的效果，安全返回。北齐后主虽亲率大军压境，因被柏庵迷惑而不敢贸然进犯，待到次日天明弄清实情，已悔之晚矣。

結語 本篇中突出地论述了『避实而击虚』、『因敌而制胜』，主动灵活地打击敌人的作战指导思想。『一个主将，不以毁灭敌人兵力为战争目的，灵活作战本身不是目的，只是达到胜利目的的手段。』这指出了指挥的灵活性战争，是有明确目的的。虚实：虚，空虚，兵力分散而薄弱；实，充实，兵力集中而强大。虚与实相互对立，相互转化。

孔明兴兵征孟获

孔明攻打南部蛮人，每次都定计变化，打得孟获措手不及，被动疲乏。

本篇主要论述通过对虚实关系的认识和把握，在战争中要立于主动地位，即『致人而不致于人』。意思是，在双方交战中，要会调动敌人，而不被敌人调动。用兵有固定的趋势，要避实而击虚。唐太宗说：『朕观诸兵书，无出孙武；孙武十三篇，无出虚实。夫用兵识虚实之势，则无不胜焉。』

兵法與商道　高价购房巧杀价

台湾有家人全家移民国外，想要出售所居住的高价位住宅，卖方要价2300万元台币，委托房地产中介公司代理。该公司业务员接下这单生意，积极地策划广告，宣传其优越的地理位置、合理的房间布局以及全面完善的配套设施，很快就把房子推到了市场上。

两周后，来了一位买主。参观完这所住宅的里里外外，对各方面的条件十分满意，但只肯出价2000万元台币，与卖方的底价相比尚差300万元台币。

业务员没办法，只有回头找屋主议价。经过三天的协商，屋主终于同意将售价降为2100万元台币，但声明绝不会再降价，否则立即解除合约。

售价2100万元台币和买价2000万元台币相比，还有100万元的价差。鉴于卖方态度坚决，为了促成这笔交易，业务员只好硬着头皮再来找买方协调。业务员费尽口舌，买方态度稍有缓和，同意再加价50万元台币。同时，买主为了表示自己购房的决心与诚意，当场付了100万元台币的斡旋金。

无巧不成书，就在交付斡旋金的当天晚上，买方又找来业务员，告诉他说：『一个月前我在别处看过另外一栋房子，论各方面条件，都比我现在看好的这所房屋要好，只因为当时房主不肯降价，几次交涉都未能成功，我只好放弃了。可谁知事情已过去这么久了，我几乎把这件事忘掉了，就在一个钟头之前，那家中介公司突然打电话来跟我说，屋主愿意依我的价格出售，可我今天已经付了斡旋金，若房主仍不肯降价，我衷心地希望您能退回这100万元台币。』

这突如其来的变故，可难倒了业务员，对于中介者而言，根本没有退款与否的决定权，除非屋主同意或者屋主接受买方的价钱后，买方又反悔不准备买房，才能把预交的斡旋金没收。而眼前的情况则是：一方言明不再降价，而另一方则声称绝不可能再加价，中介者处在夹缝中，左右为难。

解决问题的唯一办法就是，尽快把信息传达给屋主，由屋主自行决定。

屋主听到消息之后，也犯了难。既然买主更中意前一户房子，很有可能反悔，假如我答应他的要求却反遭对方拒绝，我就有权没收他的斡旋金，这就相当于本钱下降了100万元台币，以后再怎么卖都是赚。但赚这100万元台币的前提就是必须接受买方的价格——2050万元台币；如果不愿意降价50万元台币，在目前经济不景气、房地产市场冷淡、交易不大活跃的状态下，错失了这笔买卖，新买主也不知道何时再现，也不知是否还会有人愿意出2050万元台币的价钱。

因事出突然，卖方左思右想，怎么也想不出一个妥善的办法，而买方又以『前屋屋主催问甚急』为由不断来电请求中介早早回话，否则将立即退回斡旋金。局面就这样陷于僵局。

经过几十分钟的『深思熟虑』，屋主终于赌博性地答应以买方价格出售，若买方拒绝，就可以顺理成章地将这100万元台币『纳入私囊』。

中介人把这一决定转告买方，买方表面上装作一副无可奈何的样子，申辩着：我其实比较喜欢的还是前屋，可是后屋的卖方又同意了自己的开价，如果不接受这项交易，就会立刻损失掉100万元台币。经过中介人在里面不断地周旋，买卖双方终于勉强成交，达成协议。

就这个高价位住宅成交的整个过程来看，买方以100万元台币斡旋金作为诱饵，又以『前屋』之事来威胁，迫使对方陷入进退维谷的局面，最终，落入买方所设的圈套，实现了买方削价的最终目的。这在兵法中，正可谓『善战者，致人而不致于人』。

进出口公司妙计制胜

1993年8月，我国有家进出口公司从国外进口200万吨DW产品，我方考虑到该产品质优价廉，很受消费者欢迎，各大厂家竞相订货，该公司通过经营该产品也获利颇丰，尽管由于对方延期交货使该公司失去几次展销的良机，蒙受了一定的损失，但为了维持双方长久友好的贸易往来，也没有对外商提出制裁。

此后不久，DW产品在国内供不应求，该公司准备进一步与外商洽谈重复进口该产品事宜。为了给国家节约外汇资金，同时也为了降低进口商品的采购成本，提高公司的利润，该公司想要向对方提出降低价格10%的要求。

他们当然知道，在国际市场没有发生变化的情况下，假如在谈判一开始就提出降价要求肯定会遭到对方拒绝，对方断难接受，因此，这就必须采用一定的谈判技巧，迫使其就范。

我方经过研究，找到了问题的突破口，设计了一套十分周密的谈判方案。

谈判伊始，我方就在上一次那200万吨货物延期交货一事上大作文章。

我方说：『由于你们上次延期交货，让我方失去了几次展销良机，从而导致我方遭受了重大的经济损失。』对方听罢，以为我方要提出索赔要求，自然心慌意乱，忙不迭地对延期交货的事情加以解释，表示歉意，尔后就诚惶诚恐、心神不安地等着我方的反应。见时机已成熟，我方趁机提出降价的要求，明确指出希望上次延期交易的损失能通过此次减价10％来弥补，对方无奈，只好表示同意。

于是，我方接着乘胜追击，提出订货量由原来预定的200万吨增加到500万吨，对方最后不得不在合同上签字，谈判圆满成功。

当初对方延期交货之时，我方在无意当中以『利』诱敌，从而在谈判过程中『使敌人自至』，进入预先设计好的『陷阱』之中；然后乘胜追击，『害之』而『使敌人不得至』，最终达到了自己的目的。

以海盗威胁买战刀

从十四世纪末期开始，每年日本都要从中国购进一定数量的战刀。为了不使日本的武力过于强大，明朝规定每年最多卖给日本三千把战刀。

1507年，日本足利将军派出使团，向明朝提出购买八千把战刀的要求，由于这一数字大大超出了原来所规定的三千把的限额，所以明朝没有同意。在日本使团中，有一位八十多岁的外交老臣，他站出来对明朝官员说：『如果你们不答应，那么我们干脆一把也不买了，立即返回日本，宣布中断两国的外交关系，到那时，靠着足利将军的威力才能镇压下去的海盗，很快就会重新出现在贵国的海岸上，不信咱们就走着瞧吧！』

当时明朝对日本海盗既恨又怕，把他们称之为楼寇。这些楼寇经常对明朝的沿海一带进行掠夺和骚扰，明朝曾派重兵围剿，但却屡禁不止，多亏日本足利将军出兵援剿，近期沿海一带才稍为安宁。明朝官员听了日本外交老臣的一番话，感到事情的严重，只好同意卖给日本人八千把战刀。

在超量购买战刀的要求被拒绝后，日本外交老臣便不再从买战刀的事情上与明朝官员交涉，而是转而从将来海盗是否在中国沿海进行骚扰掠夺这个重大问题大做文章。日本外交老臣在这场谈判中巧妙地运用了有效的计策，从而赢得了主动。

弗雷德·罗杰斯的销售之道

洽谈伊始，一般只是谈商品质量、数量以及价格等双方交易的主要条件。其他条件例如保险、支付、仲裁、索赔以及检验等根据以往交易传统来履行。

谈判人员不要过早地暴露自己产品价格，要避免过早地和对方讨论价格问题，因为不论你的价格多么合理，只要对方购买这种产品，就要付出一定的代价。因此，应该在顾客对产品价值有所认同后，才能同他们讨论价格问题。我们要做的是：不要让客户首先考虑产品的价格，要把他们的注意力引到产品的价值上来，也就是说，谈话应首先集中产品的价值这一问题上，而只是单纯地谈价格；如果一定要谈价格，就要连同价值一起提出，获得对方订货单据的决定性因素，应该让对方看到他们将要得到的好处，而不是他们所付出的代价。

弗雷德·罗杰是位销售经理，为新泽西的某个皮革公司做推销，公司已经生产即将出售的新产品，这是一种加工成带状的皮革制品。他拜访一个顾客，问：『你认为这产品如何？』『啊，我非常喜欢它，但是我猜测您现在会告诉我它是非常贵的，我应该为它付出一个荒谬的价格，在您之前，我全听说了。』『您告诉我。』弗雷德·罗杰斯说，『您是一个有贸易经验的人，您和别人一样懂得皮革和兽皮，您估计一下它的成本是多少？』

那人受到了奉承，回答他说他认为可能是四五美分一码。

『您说的对。』

弗雷德·罗杰斯用惊奇的眼光望着他说：『我不知道您是怎样猜到的？』销售经理以45美分一码的价格得到了他的订货和随后的重复订货，双方对事情的结果都很满意，弗雷德·罗杰斯打死也不会个他说公司最初给产品的定价是39美分一码。

在介绍价格的时候，必须让别人看起来价格很低，但你向他介绍好处的时候，就必须使他们看起来好处比较多。

一个药品公司出售一种十分昂贵的兽医外科用药，它的价格和竞争的对手比起来高得吓人。但是推销员问兽医，每次的用量是多少，然后告诉对方，用他们的产品，每头牛仅多花三美分，那真算不了什么，但是它的效果却是同类产品没法比的。这样介绍价格，使人易于接受，但如果他们说每包多三十美元，那听起来就是一个很大的数目，很可能把顾客吓跑了。

还可以抛开价格，在时间上延伸。

『您现在的车每天用多少小时？』

『六个半小时。』

『啊，如果您买我们的产品，那么在机器的整个使用寿命期间，您可以得到全部的额外的机动性，更大载重能力和更安全、更舒适的驾驶室，每小时只要多花六美分，一个月仅仅多花费二十美元，二十美元能买到什么。在普通的一个饭馆里一顿两人便餐，您对此不会有什么抱怨吧。』

你也可以告诉它不买的代价是什么？

『麻烦的是，如果您不买，一年以后，价格至少要上涨20%。』

在谈判中，不要怕对方提出低价的竞争者，要直接跟他说你决不介意出低价的竞争者，因为他们一定知道一分钱一分货这个道理。

凭空编造的风水宝地

为了发展被称作『无烟工业』的旅游工业，从而增加经济收益，日本人不惜采用『无中生有』的计谋。地处日本偏僻地区的伊那镇，便依靠此计大发其财。

伊那镇原是一个旅游资源贫乏的地方，但当地政府为了聚敛钱财，硬要人为地『创造一个古迹』。他们派出大队人马，四处了解民俗风情。经过几个月的折腾，好不容易才搜集到了关于侠客勘太郎的民间故事，尽管这是一个子虚乌有的传说，但主管部门却借题发挥、大做文章。

于是，过了不久，一座勘太郎的铜像在伊那镇火车站广场上奇迹般树立起来。在书店里，人们惊讶地发现了许多描写勘太郎侠骨仁心、扶危济困的故事书。在旅游品店里，突然冒出了勘太郎木雕、勘太郎腰带、勘太郎兵器等一些新玩意，甚至在街头巷尾到处传唱着勘太郎的歌曲。

经过如此这般的刻意经营，勘太郎竟然被捧为家喻户晓的英雄，而作为勘太郎的诞生地——伊那镇，自然也随之吃香起来，成了闻名遐迩的旅游胜地。

承包商赚钱有术

某国有一个建筑承包商，专门从事承揽大项建筑工程的生意，在揽下生意之后，他又把大工程划分成若干小工程，再分别承包给其他施工单位。由于他不仅能以较高的价格揽下生意，而且还能很快地以最低的价格把工程分包出去，所以赚了很多钱。刚开始的时候，同行们觉得很奇怪，后来才发现了他所采用的经营『秘方』。

当从别人那里承揽生意时，他都会派出自己的心腹，假扮成与自己竞争的承包商。这些假承包商分别喊出几个极高的价格之后，他才站出来表示愿意以一个相对较低的价格投标。经过比较，发包方自然会选择他这位出价最低的投标商。其实，他所出的最低价往往是此类工程的最高价。

当他向外发包时，往往采取更为奇妙的办法。每次有投标者同他洽谈分包价格时，他开始总是迫使对方一再压价。当双方谈判处于僵持状态时，他的秘书便敲门进来，说是有紧急电话需要他马上去接听，这时他显得很慌乱，竟然将手中的『机密材料』忘记在谈判桌上。谈判对方当然对这些材料十分感兴趣，便偷偷地翻看，才知道是所有的施工单位关于此项工程的『竞价单』。他们不看则已，一看立即慌了手脚，暗自庆幸自己及时发现了这个『秘密』，不然到手的生意就会被别人抢走。等他重回谈判桌时，投标者便主动把投标价格压得很低，当然双方很快就成交了。

其实，这些投标者偷看的『机密材料』都是他精心编造的。这位聪明的承包商在向别人承揽生意时，虚拟一些抬价者，而在向其他人分包时，又虚拟出一些压价者。无论是抬价者，还是压价者，实际上都是不存在的。他运用这种『无中生有』的计谋，使自己在建筑行业的竞争中始终立于不败之地。

小职员冲破推销禁区

日本明治保险公司有个名叫原一平的普普通通的推销员。他身材短小，其貌不扬，25岁报考明治公司时，尽管被录用，但主考官劈头丢下一句：『原一平，你不是干得了这种困难工作的人。』

当时的原一平，屏气凝神，目光注视着主考官，心头却在喊：『我偏要做给你看看。』他怀着有朝一日一定要出人头地的信念，猛冲猛打地干了三年，创下了些业绩，总算在公司里站住了脚。

然而，原一平并不因此满足，他构想了一个突破性的推销计划，找保险公司的董事长串田万藏，索要一份介绍日本大企业高层次人员的『推荐函』，大幅度、高层次地推销保险业务。因为串田先生不仅是明治保险公司的董事长，还是整个三菱财团名副其实的最高首脑。通过他，原一平经手的保险业务不仅可以打入三菱的所有组织，而且还能打入与三菱相关的最具代表性的所有大企业。但原一平不知道保险公司历来有被严格遵守的约定：凡从三菱来明治工作的高级人员，绝对不介绍保险客户，董事长串田当然也不例外。

原一平为这个大胆而又破格的构想坐立不安，他咬紧牙关，发誓要实现自己的推销计划。他满怀信心地推开了公司主管推销业务的常务董事阿部先生的门，请求他代向串田董事长要一份『推荐函』。阿部听完了原一平的计划，沉默地瞪着原一平。原一平虽在公司工作了三年，但只是在照片上看见过阿部，第一次面对阿部那种逼人的目光，心里开始发毛，渐渐有些招架不住了。

这时，阿部才慢慢地说出了公司的约定，拒绝了原一平的请求。原一平却不肯退缩，问道：『常务董事，我能不能自己去找董事长，当面提出请求？』阿部的眼睛瞪得更大了，更长时间的沉默之后，只说了五个字：『姑且一试吧。』说罢，强作笑脸地打发了原一平出门。

几天后，原一平接到了约见通知后。他好不容易通过传达室被带到会客厅，却被冷冷地丢在一旁。华贵的摆设，厚重的地毯，一坐下就像浮在半空的沙发，煎熬的长时间等待，把原一平的兴奋劲耗去大半。他疲倦地倒在沙发里，迷迷糊糊地睡着了。不知过了多长时间，原一平的肩头被戳了几下，他猛然醒来，狼狈不堪地面对着董事长。

串田大喝一声：『找我什么事？』还未清醒过来的原一平当即被吓得差点说不出话来，想了一会儿才吞吞吐吐地讲了自己的推销计划，刚说：『我想请您介绍……』就被串田打断：『什么？你以为我会介绍保险这玩意？』

原一平来前曾想到过请求被拒绝，还预备了一套辩驳的话，但万万没有料到串田会蔑视地把保险业务说成『这玩意』。

他被激怒了，大声吼道：『你这混帐的家伙！你刚才说保险这玩意，对不对？公司不是一向教育我们说：「保险是正当事」吗？你还是公司的董事长吗？我这就回公司去，向全体同事传播你说的话。』原一平说完转身就走。

一个无名的小职员竟敢顶撞、痛斥高高在上的董事长，使串田非常生气，但对小职员话中『等着瞧』的潜台词又不能不认真深思。

原一平走出三菱大厦，心里很不平静，他为自己的计划被拒绝十分气恼和失望，坐在路边胡思乱想了好长时间。

当他无可奈何地回到保险公司，向阿部说了事情的经过，刚要提出辞职时，电话铃突然响了，是串田打来的，他告诉阿部刚才原一平顶撞自己，他非常气愤，但原一平走后他再三考虑。串田接着说：『保险公司以前的约定确实有偏差，原一平的计划是对的，我们也是保险公司的高级职员，理应为公司贡献一份力量，帮助拓展业务。我们还是参加保险吧。』

放下电话，串田马上召开临时董事会。会上决定，凡三菱的有关企业必须把全部退休金投入明治公司以作为保险金。

当晚原一平回到家就收到串田的约见信：『今天，你特地来找我，我却白活了那么大岁数，居然没有善待你，实在失礼之至。明天是假日，若不嫌麻烦，愿你能拨冗到舍下一趟。』

第二天，串田亲切会见了原一平。原一平的顶撞、痛斥，不仅赢得了董事长的敬服，还获得了董事长日后充满善意的全面支援，他逐步实现了自己的宏伟计划：

三年内创下了全日本第一的推销记录，到43岁后连续保持十五年全国推销冠军，连续十七年推销额达百万美元。1962年，他被日本政府特别授予『四等旭日小绶勋章』。

精明的出版商

美国有一个出版商，在总统身上运用树上开花的计谋做文章，不仅将全部积压的图书推销掉，更取得了巨大的经济效益。

一次，这个出版商因为仓库里堆积如山而卖不出去的图书而发愁，但忽然间，他眉头一皱，计上心来。他通过朋友将一本样书送给美国总统。终于，总统有一天看到了这本书并浏览一番，然后漫不经心他说：『这本书不错！』出版商得到这个消息，利用总统这句话大肆宣传，把积压的书在一个月内全部卖光。

一段时间过后，又积压了一批图书。这个出版商因上次尝到了甜头，就又一次寄了一本样书给总统。这一次总统不给面子，说『这本书糟透了！』出版商于是在广告里大肆宣传：『本公司正在出售一本总统认为很糟糕的书！』不久，该书全部售空。

几个月后，这个出版商又因为图书积压而发愁，他像上两次一样，又寄给总统一本样书。总统这次学聪明了，没有对他的书做任何评价。于是，出版商在广告便这样写道：『这里正在出售一本总统难以评价的书！』结果，所剩图书又被抢购一空。

军争篇第七

曹操曰：两军争胜。○李筌曰：争者，趋利也。虚实定，乃可与人争利。○王皙曰：争者，争利；得利则胜。宜先审轻重，计迂直，不可使敌乘我劳也。○张预曰：以军争为名者，谓两军相对而争利也。先知彼我之虚实，然后能与人争胜，故次《虚实》。

原文 **孙子曰：凡用兵之法：将受命于君，**李筌曰：受君命也。遵庙胜之算，恭行天罚。○张预曰：受君命伐叛逆。**合军聚众①，**曹操曰：聚国人，结行伍，选部曲，起营陈也。○梅尧臣曰：聚国之众，合以为军。○王皙曰：大国三军，总三万七千五百人；若悉其赋，则总七万五千人。此所谓合军聚众。○张预曰：合国人以为军，聚兵众以为阵。**交和而舍②，**曹操曰：军门为和门，左右门为旗门，以车为营曰辕门，以人为营曰人门，两军相对为交和。○李筌曰：交间和杂也。合军之后，强弱勇怯，长短向背，间杂而许之，力相兼，后合诸营垒与敌争之。○杜牧曰：《周礼》以雄为左右和门。郑司农曰：『军门曰和，今谓之垒门，立两旌旗表之，以叙和出入明次第也。』交者，言与敌人对垒而舍，和门相交对也。○贾林曰：舍，止也。士众交杂和合，而止于军中，趋利而动。○梅尧臣曰：军门为和门，两军交对面舍也。○何氏曰：和门相望，将合战争利，兵家难事也。○张预曰：军门为和门，言与敌对垒而舍，其门相交对也。或曰：与上下交相和睦，然后可以出兵为营舍。故吴子曰：『不和于国，不可以出军；不和于军，不可以出阵。』**莫难于军争③。**曹操曰：从始受命，至于交和，军争为难也。○梅尧臣曰：自受命至此为最难。○张预曰：与人相对面争利，天下之至难也。**军争之难者，以迂为直，以患为利④。**曹操曰：示以远，迹其道里，先敌至也。○杜牧曰：言欲争夺，先以迂远为近，以患为利，诳绐敌人，使其慢易，然后急趋也。○陈皞曰：言合军聚众，交和而舍，皆有旧制，惟军争最难也。苟不知以迂为直，以患为利者，即不能与敌争也。○贾林曰：全军而行争于便利之地，而先据之，若不得其地，则输敌之胜，最其难也。○杜佑曰：敌途本迂，患在道远，则先处形势之地。故曰，以患为利。○梅尧臣曰：能变迂为近，转患为利，难也。○王皙曰：曹公曰：『示以远，速其道里，先敌至。』皙谓示以远者，使其不虞而行，或奇兵从间道出也。○何氏曰：谓所征之国，路由山险，迂曲而远。将欲争利，则当分兵出奇，随逐乡导，由直路乘其不备，急击之，虽有陷险之患，得利亦速也。如钟会伐蜀，而邓艾出奇，先至蜀，蜀无备而降。故下云不得乡导，不能得地利是也。○张预曰：变迂曲为近直，转患害为便利，此军争之难也。**故迂其途而诱之以利，后人发，先人至，此知⑤迂直之计⑥者也。**曹操曰：迂其途者，示之远也。后人发，先人至者，明于度数，先知远近之计也。○李筌曰：故迂其途，示不速进，后人发，先人至也，用兵若此，以患为利者。○贾林曰：敌途本近，我能迂之者，或以羸兵，或以小利，于他道诱之，使不得以军争赴也。○梅尧臣曰：远其途，诱以利，款之也。后其发，先其至，争之也。能知此者，变迂转害之谋也。○何氏曰：迂途者，当行之途也。以分兵出奇，则当行之途，示以迂险，设势以诱敌，令得小利縻之，则出奇之兵，虽后发亦先至也。言争利须料迂直之势出奇，故下云分合为变，其疾如风是也。○张预曰：形势之地，争得则胜。凡欲近争便地，先引兵远去，复以小利啖敌，使彼不意我进，又贪我利，故我得以后发而先至。此所谓以迂为直，以患为利也。赵奢据北山而败秦军，郭淮屯北原而走诸葛是也。能后发先至者，明于度数，知以迂为直之谋者也。

注釋 ①合军聚众：此句意谓征集民众，组织军队。合，聚集、集结。②交和而舍：两军营垒对峙而处。交，接触。和，和门，即军门。两军军门相交，即两军对峙。舍，驻扎。③莫难于军争：于，比。军争，两军争夺取胜的有利条件。④以迂为直，以患为利：意谓将迂回的道路变成直达的道路，把不利的变为有利的。迂，曲折、迂回。直，近便的直路。⑤知：这里是掌握的意思。⑥计：方法、手段。

譯文 孙子说：用兵的一般规律，将帅领受国君的命令，从征集民众、组编军队，直至与敌军列阵对峙，其间没有比争取有利的先机优势更困难的了。争夺有利条件之所以困难，就在于要把迂回弯曲的道路变为直道捷径，把不利的因素变为有利的因素。所以，设法使敌军的进兵道路变得迂回弯曲，用小利引诱敌人上当而改变行军路线，就能做到我军虽后于敌军出发，也能先于敌军到达战场，占据有利位置。这才是真正懂得以迂为直计谋的将帅。

釋例一 前276年，秦国攻打赵国，军队驻扎在阏与，赵王派赵奢率兵救阏与。大军距离邯郸三十里，赵奢下令暂不进军，只修筑防御工事。又停留了二十八天，还没有往前推进，而是更积极地增筑防御工事。秦国的奸细潜入赵军营区，赵奢热诚地款待，饭后又送他离去。那奸细把所见报告了秦国的将军，秦将大喜过望，说：『离都城三十里就驻兵不前，反而忙于修筑防御工事，看情形，阏与不再归赵国所有啦！』赵奢一送走秦国奸细，立刻命令部下士卒整束甲胄武器，穿着轻便的服装尾随着往阏与去。经过两日一夜的急行军，到达了目的地。他派了一批弓箭好手在离阏与五十里的地方扎营。秦军得到了情报，也全副武装倾巢而来。赵奢派出一万人先行占领北山，秦兵随后也到了，两军争夺这必争的山头，秦军由于晚了一步而无法上山。赵奢指挥兵士展开猛烈的攻击，大破秦军，秦军溃散而去。

释例二

前686年，齐国发生了一次内乱，国君齐襄公被杀。襄公有两个兄弟，一个叫公子纠，当时在鲁国；另一个叫公子小白，当时在莒国。他们两个人身边都有个师傅，公子纠的师傅是管仲，公子小白的师傅是鲍叔牙。两个公子得到齐襄公被杀的消息后，都急着回齐国争夺君位。鲁国国君鲁庄公当下决定亲自率兵护送公子纠回齐国。管仲对鲁庄公说：『公子小白住在莒国，离齐国很近。万一他先进了齐国，事情就麻烦了。让我先带一支队伍去截住他。』果然不出管仲所料，公子小白正在莒国军队的护送下赶回齐国，半路上，遇到了管仲的拦截。管仲拈弓搭箭，向小白射去。只见小白大叫一声，栽倒在车里。管仲以为小白已死，就不慌不忙护送着公子纠回齐国。可是，他射中的不过是公子小白的衣带钩，公子小白大叫一声倒下，原来是他想出来的计策。等到公子纠进入齐国国境，公子小白和鲍叔牙早已抄小道抢先到了国都临淄，小白理所当然地成为了齐国国君，这就是后来的齐桓公。

原文

故军争为利，军争为危①。曹操曰：善者则以利，不善者则以危。〇李筌曰：夫军者，

齐桓公

齐桓公，名小白。他任用管仲改革，选贤举能，使齐国逐渐强大起来，号召『尊王攘夷』。桓公多次会盟诸侯，成为春秋五霸之一。

将善则利，不善则危。○杜牧曰：善者，计度审也。○贾林曰：我军先至，得其便利之地，则为利。彼敌先据其地，我三军之众，驰往争之，则敌佚我劳，危之道也。○梅尧臣曰：军争之事，有利也，有危也。又一本作军争为利，众争为危。○何氏曰：此又言出军行师，驱三军之众，与敌人相角逐，以争一日之胜，得之则为利，失之则为危，不可轻举。○张预曰：智者争之则为利，庸人争之则为危；明者知迂直，愚者昧之故也。

举军而争利，则不及②；曹操曰：迟不及也。○李筌曰：辎重行迟。贾林曰：行军用师，必趋其利。远近之势，直以举军往争其利，难以速至；可以潜设奇计，迂敌途程，敌不识我谋，则我先而敌后也。○杜佑曰：迟不及也。举军悉行，争赴其利，则道路悉不相逮。○梅尧臣曰：举军中所有而行，则迟缓。○王皙曰：以辎重故。张预曰：竭军而前，则行缓，而不能及利。

委军而争利，则辎重捐③。曹操曰：置辎重，则恐捐弃也。○李筌曰：委弃辎重，则军资阙也。○杜牧曰：举一军之物行，则重滞迟缓，不及于利；委弃辎重，轻兵前追，则恐辎重因此弃捐也。○贾林曰：恐敌知而绝我后粮也。○杜佑曰：委置库藏，轻师而行，若敌乘虚而来，抄绝其后，则已辎重皆悉弃捐。○梅尧臣曰：委军中所有而行，则辎重弃。○王皙同曹操注。○何氏同杜佑注。○张预曰：委置重滞，轻兵独进，则恐辎重为敌所掠，故弃捐也。**是故捲甲而趋④，日夜不处⑤，**曹操曰：不得休息，罢也。**倍道兼行⑥，百里而争利，则擒三将军⑦。**杜佑曰：若不虑上二事，欲从速疾，卷甲束仗，潜军夜行；若敌知其情，邀而击之，则三军之将，为敌所擒也。若秦伯袭郑，三帅皆获是也。**劲者先，疲者后，其法十一而至。**曹操曰：百里而争利，非也；三将军皆以为擒。○陈皞曰：杜说别是用兵一途，非什一而至之义也。盖言百里争利』劲者先，疲者后，十中得一而至，九皆疲困，一则劲者也。○贾林曰：路远人疲，奔驰力尽，如此则我劳敌佚，被击何疑。百里争利，慎勿为也。○杜佑曰：百里争利，非也；三将军皆为擒也。强弱不复（伏）相待，卒（率）十有一人至军也。罢音疲。○何氏曰：言三将出奇求利，委军众辎重，卷甲务速；若昼夜百里不息，则劲者能十至其一。我劳敌怯，敌众我寡，击之未必胜也；败则三将俱擒。以此见武之深戒也。**五十里而争利，则蹶⑧上将军⑨，其法半至。**曹操曰：蹶，犹挫也。○李筌曰：百里则十人一人至，五十里十人五人至，挫军之威，不至擒也。言道近不至疲。○杜牧曰：半至者，凡十人中择五人劲者先往也。○贾林曰：上犹先也。○杜佑曰：蹶，犹挫也。前军之将，已为敌所蹶败。○梅尧臣曰：十中得五，犹远不能胜。○王皙曰：罢劳之患，减于太半，止挫败而已。**三十里而争利，则三分之二至。**曹操曰：道近至者多，故无死败也。○王皙曰：计彼我之势，宜须争者，或亦当然。虽三分二至，盖其精锐者之力，未至劳乏，不可决以为败，故不云其法也。

○张预曰：路近不疲，至者太半，不失行列之政，不绝人马之力，庶几可以争胜。上三事，皆谓举军而争利也。**是故军无辎重则亡，无粮食则亡，无委积则亡**⑩。○曹操曰：无此三者，亡之道也。○李筌曰：无辎重者，阙所供也。袁绍有十万之众，魏武用荀攸计，焚烧绍辎重，而败绍于官渡。无粮食者，虽有金城，不重于食也。夫子曰：『足食足兵，民信之矣。』故汉赤眉百万众无食，而君臣面缚宜阳。是以善用兵者，先耕而后战。无委积者，财乏阙也。汉高祖无关中，光武无河内，魏武无兖州，军北身遁，岂能复振也？○张预曰：无辎重则器用不供，无粮食则军饷不足，无委积则财货不充，皆亡覆之道。此三者谓委军而争利也。

注释 ①军争为利，军争为危：此句意谓军争既有有利的一面，也有不利的一面。②举军而争利，则不及：此句言率领全部携带装备辎重的军队前去争取先机之利则不能按时到达。举，全、皆。不及，不能按时到达预定地点。③委军而争利，则辎重捐：意谓如果扔下一部分军队去争利，则装备辎重将会受到损失。委，丢弃、舍弃。辎重，包括军用器械、营具、粮秣、服装等。捐，损失。④卷甲而趋：意谓卷甲束杖急速进军。卷，收、藏的意思。甲，铠甲。趋，快速前进。⑤日夜不处：即夜以继日，不得休息。处，犹言止、息。⑥倍道兼行：倍道，行程加倍。兼行，日夜不停。⑦擒三将军：此句意谓若奔赴百里，一意争利，则三军的将领会成为敌之俘虏。擒，俘虏、擒获。三将军，三军的将帅。⑧蹶：失败、损折。⑨上将军：指前军、先头部队的将帅。⑩无委积则亡：军队没有物资储备作为补充，亦不能生存。委积，指物资储备。

譯文 争夺有利条件，既有获得先机之利的可能，也有走向危险局面的可能。如果全军出动，携带所有装备辎重去争夺先机之利，往往会无法按时到达预定地域；如果丢下装备辎重去争夺，就会损失装备辎重。因此，让将士卷起盔甲轻装前进，昼夜不停，一天走两天的路程，急行百里去争先机之利，那么三军的将帅都可能被敌军所俘虏。健壮的士卒先到，疲弱的士卒后到，结果是只能有十分之一的兵力到达预定的目的地。用这样的方法，急行五十里去争利，那么前军的将领就会遭受挫败，兵力也只有一半可以如期到达。同样，急行三十里去争利，也只能有三分之二的兵力能如期到位。要知道，军队没有装备辎重就会被歼击，没有粮食供应就不能生存，没有军用物资的储备就必然失败。

釋例三 208年，诸葛亮对孙权说：『曹操的人马远来疲敝，为了追我们，轻骑一天一夜跑三百多里，这就是所谓「强弩之末，穿不透鲁国的白绢」。这是兵法的禁忌，说「必然使前军将领被挫败」。现在您如果能命令猛将统兵数万，与我们协调作战，双方齐心合力，打败曹军是必然的。』孙权非常高兴，当即派周瑜等率水军三万人，随诸葛亮去与刘备会合，合力抵抗曹操。结果，曹操败于赤壁，带领军队回邺。

釋例四 200年，袁绍率军进临官渡，曹操粮少，想退回许昌。恰好荀攸来见，他说：『公孤军独守，外无救援而粮草已尽，这是危急时刻。现袁绍有辎重万辆，但在故市、

凿山岭邓艾袭川

邓艾带领精兵凿山开道，无路可走时便身裹毛毡，滚下山崖，想出其不意攻打汉中。谁知诸葛亮已预测先机，转移阵地，邓艾扑了一个空。

乌巢的驻守军队戒备不严；如出其不意，以轻兵袭击它，烧其积聚，不出三日，袁绍自败。』曹操即选精锐部队，夜里从小道出发，每人抱一捆柴，既至其前，用布围住然后放火。袁绍营中惊乱，其粮草装备尽焚。绍自军破后，发病而死。

原文

故不知诸侯之谋者，不能豫交①；曹操曰：不知敌情谋者，不能结交也。○李筌曰：豫，备也。知敌之情，必备其交矣。○杜牧曰：非也。豫，先也；交，交兵也。言诸侯之谋，先须知之，然后可交兵合战；若不知其谋，固不可与交兵也。○陈皞曰：曹说以为不先知敌人之作谋，即不能预结外援。二说并通。○梅尧臣曰：不知敌国之谋，则不能预交邻国以为援助也。**不知山林、险阻、沮泽②之形者，不能行军；**曹操曰：高而崇者为山，众树所聚者为林，坑堑者为险，一高一下者为阻，水草渐洳者为沮，众水所归而不流者为泽。不先知军之所据及山川之形者，则不能行师也。○梅尧臣曰：山林险阻之形，沮泽污淖之所，必先审知。**不用乡导③者，不能得地利。**李筌曰：入敌境，

恐山川隘狭，地土泥泞，井泉不利，使人导之以得地利。《易》曰：『即鹿无虞。』则其义也。○陈皞曰：凡此地利，非用乡人为导引，则不能知地利也。○杜佑曰：不任彼乡人而导军者，则不能得道路之便利也。**故兵以诈立④，**杜牧曰：诈敌人，使不知我本情，然后能立胜也。○梅尧臣曰：非诡道不能立事。○王皙曰：谓以迂为直，以患为利也。○张预曰：以变诈为本，使敌不知吾奇正所在，则我可为立。**以利动，**杜牧曰：利者，见利始动也。○梅尧臣曰：非利不可动。**以分合为变⑤者也。**曹操曰：兵一分一合，以敌为变也。○李筌曰：以诡诈乘其利动；或合或分，以为变化之形。○杜牧曰：分合者，或分或合，以惑敌人；观其应我之形，然后能变化以取胜也。○陈皞曰：乍合乍分，随而更变之也。**故其疾如风，**曹操曰：击空虚也。○李筌曰：进退也。其来无迹，其退至疾也。○梅尧臣曰：来无形迹。○王皙曰：速乘虚也。○何氏同梅尧臣注。○张预曰：其来疾暴，所向皆靡。**其徐如林⑥，**曹操曰：不见利也。○李筌曰：整阵而行。○杜牧曰：徐，缓也。言缓行之时，须有行列如林木也；恐为

曹操官渡战袁绍

曹操字本初，汝南汝阳（今河南周口西南）人，曾为汉灵帝司隶校尉。灵帝死后，董卓专权，袁绍于是占领冀州，后据黄河下游四州，成为当时最大的势力。曹操此时挟持汉献帝，袁绍想与曹战，劫夺献帝。官渡之战中，袁绍大败，实力消亡。两年后袁绍病死，所占据地盘都归于曹操。

敌人之掩袭也。○孟氏曰：言缓行须有行列如林，以防其掩袭。○尉缭子曰：『重者如山如林，轻者如炮如燔也。』**侵掠如火⑦，**曹操曰：疾也。○李筌曰：如火燎原无遗草。○杜牧曰：猛烈不可向也。○贾林曰：侵掠敌国，若火燎原，不可往复。○张预曰：《诗》云：『如火烈烈，莫我敢遏。』言势如猛火之炽，谁敢御我！**不动如山，**曹操曰：守也。○李筌曰：驻军（车）也。○杜牧曰：闭壁屹然，不可摇动也。○贾林曰：未见便利，敌诱诳我，我因不动，如山之安。○梅尧臣曰：峻不可犯。**难知如阴，**李筌曰：其势不测如阴，不能睹万象。○杜牧曰：如玄云蔽天，不见三辰。○梅尧臣曰：幽隐莫测。○王皙曰：形藏也。○何氏曰：暗秘而不可料。○张预曰：如阴云蔽天，莫睹辰象。**动如雷震，**李筌曰：盛怒也。○杜牧曰：如空中击下，不知所避也。○贾林曰：其动也疾不及应。○太公曰：『疾雷不及掩耳。』**掠乡分众⑧，**曹操曰：因敌而制胜也。○李筌曰：抄掠必分兵为数道，惧不虞也。○何氏曰：得掠物，则与众分。○张预曰：用兵之道，大率务因粮于敌，然而乡邑之民，所积不多，必分兵随处掠之，乃可足用。**廓地分利⑨，**曹操曰：分敌利也。○李筌曰：得敌地必分守利害。○陈皞曰：言获其土地，则屯兵种莳，以分敌之利也。○贾林曰：廓，度也。度敌所据地利，分其利也。○梅尧臣曰：与有功也。○王皙曰：廓视地形，以据便利，勿使敌专也。○张预曰：开廓平易之地，必分兵守利，不使敌人得之。或云：得地则分赏有功者。今观上下之文，恐非谓此也。**悬权而动⑩。**曹操曰：量敌而动也。○李筌曰：权，量秤也。敌轻重与吾有铢镒之别，则动。夫先动为客，后动力主，客难而主易。《太一遁甲》定计之算，明动易也。**先知迂直之计者胜，此军争之法也。**李筌曰：迂直道路。劳佚馁寒，生于道路。○杜牧曰：言军争者，先须计远近迂直，然后可以为胜。其计量之审，如悬权于衡，不失锱铢，然后可以动而取胜。此乃军争胜之法也。

注釋

①不知诸侯之谋者，不能豫交：此句意谓不知诸侯列国的谋划、意图，则不宜与其结交。谋，图谋、谋划。豫，通『与』，参与。②沮泽：水草丛生之沼泽地带。③乡导：即向导，熟悉本地情况的带路人。④兵以诈立：此言用兵打仗当以诡诈多变取胜。立，成立，此处指成功、取胜。⑤以分合为变：此句言用兵打仗当灵活地使兵力分散或集中。分，分散兵力。合，集中兵力。⑥其徐如林：言军队行列整肃，舒缓如林木之森然。徐，舒缓。⑦侵掠如火：攻击敌军恰似烈火之燎原，不可抵御。侵掠，此处意谓攻击。侵，越境进犯。掠，掠夺物资。⑧掠乡分众：此句说掠取敌乡粮食、资财要兵分数路。乡，古代地方行政组织。⑨廓地分利：此句言应开土拓境，扩大战地，分兵占领扼守有利地形。廓，同『扩』，开拓、拓展之意。⑩悬权而动：此句言权衡利弊得失而后采取行动。权，秤锤，用以称物轻重。这里借作衡量、权衡利害虚实之意。

譯文

所以说，不了解诸侯列国的战略意图，就不能与其结盟；不了解山林、险阻、沼泽等地形，就不能行军打仗；不利用当地人做向导，就不能得到地利。所以说，用兵打仗依靠诡诈多变来取胜，根据是否有利来决定自己的行动，按照分散或集中的方式来变换战术。军队的行动，迅速时像狂风一样急骤，缓慢时像森林一样轻摇不乱，进攻时像火一样猛烈，防御时像山一样纹丝不动，隐蔽时像浓云满天不可揣测，运动时像迅雷一样不及掩耳。掳掠敌国的乡邑，要兵分数路；开拓疆土，要分兵扼守要害之地；权衡利害关系，而后相机行动。只有事先懂得『以迂为直』战术的将帅，才会赢得胜利。这是争夺先机之利的基本原则。

釋例五（一）战国后期，齐国与楚国联盟，共同对付秦国，秦惠王对此颇感忧虑，于是对谋士张仪说：『寡人想要发兵攻打齐国，可是齐、楚两国关系密切，请贤卿为寡人考虑一下应该怎么办才好？』

张仪回答：『请大王准备好车马和金钱，让为臣去南方游说楚王。』

秦惠王听从了张仪的建议，便命他前往楚国。张仪见到楚怀王，对他说：『秦王最敬重的人莫过于大王您了，我也希望给您做臣子；敝国最痛恨的君主莫过于齐王，我最不愿侍奉的君主也莫过于齐王。现在齐国罪大恶极，因此秦国才准备讨伐齐国，无奈贵国与齐国缔结了军事攻守同盟，使得秦王不能好好侍奉大王，我也不能做大王的忠臣。然而如果大王能与齐断绝关系，我会劝秦王献上商、於地区方圆六百里的土地。这样一来，齐国就丧失了后援，必然走向衰弱；齐国衰弱以后，就必然会听从大王您的号令。大王如果能够这样做，楚国不仅在北面削弱了齐国的势力，又在西南与秦国交好，同时还获得了六百里的土地，这是一举三得的上策，还请大王考虑。』

楚怀王听完，十分高兴，就马上宣布：『寡人已经从秦国得到商、於六百里肥沃的土地！』众臣听了他的宣布，都一致道贺。只有客卿陈轸最后晋见，而且他根本不向怀王

张仪

张仪，魏国人，随鬼谷子学习纵横之术，是战国时期杰出的纵横家。

道喜。

怀王诧异地问：『寡人不费一兵一卒，就得到商、於六百里的土地，寡人认为这是外交上的重大胜利，朝中百官都来向寡人道贺，只有贤卿一个人不道贺，这是为什么？』

陈轸答道：『为臣认为，大王不仅得不到商、於六百里土地，反而可能招来祸患。因此，我才不敢随便向大王道贺。』

怀王问：『这时什么道理呢？』

陈轸回答：『秦王之所以重视大王，是因为我们楚国有齐国这样一个强大的盟友。如今秦国还没把六百里土地割给大王，大王就急於跟齐国断绝邦交，这样就会使楚国孤立，秦国怎么会重视一个孤立无援的国家呢？更何况，如果让秦国先割让土地，然后楚国再与齐断绝邦交，秦国必定不会这样做；如果楚国先与齐国断交，然后再向秦索要土地，那么一定会遭到张仪的欺骗而得不到土地。受了张仪的欺诈，大王日后必然会懊悔万分；其结果就是，西面受秦国的威胁，北面又切断了齐国的支援，这样，秦、齐两国都将进攻楚国。』楚怀没有听从，对他说：『我自有打算，你就闭住口，不要再多说！』于是怀王就命使者前往齐国宣布断绝邦交。

张仪离开楚国回到秦国之后，秦王就马上派使者前往齐国游说，秦、齐两国的盟约暗中缔结成功。这时，楚怀王派一名将军到秦国接收土地，张仪为了躲避楚国的使臣，竟装病不上朝。楚怀王得到这个消息，说：『张仪认为寡人不是诚心与齐国断交吗？』于是他就派了一名勇士前往齐国辱骂齐王。

张仪在证实楚国与齐国确实断交之后，才出来接待楚国的使臣，说：『敝国赠送给贵国的土地，是从这里到那里，方圆总共六里。』

楚国的使者谅讶地说：『我只听说是六百里，没有听说是六里。』

张仪郑重其事地巧辩说：『我在秦国只是一个微不足道的小官，怎么敢说有六百里呢？』

楚国的使臣回国报告给楚怀王以后，怀王大怒，就准备率军攻打秦国。

这时，陈轸走到怀王面前问道：『现在我可以讲话了吗？』

怀王知道自己没有听他的话，感到理亏，就说：『可以。』

陈轸就说：『大王发兵去打秦国，绝不是一个好办法。大王应当趁此机会，不但不向秦国索要商、於六百里土地，反而再送给秦国一个大都市，目的是与秦国联合伐齐，这样或许可以把损失在秦国手里的土地再从齐国得回来，楚国不就等于没有损失吗？大王既然已经跟齐国断交，现在又去指责秦国失信，这不是等于在加强秦、齐两国的关系吗，这样的话，楚国必遭大害！』

可是楚怀王还是没有采纳陈轸的建议，而是按照原来的计划发兵攻打秦国。这时，秦、齐两国组成联军，韩国也加入了他们的军事同盟，结果楚军在杜陵被三国联军打得大败而归。

（二）三国时期的诸葛亮在辅佐刘备之前，亲自在隆中耕田种地。他喜欢吟唱《梁父吟》，常把自己跟管仲、乐毅相比，当时没有谁真正认识到他的才能，只有颍川的徐庶跟他交情很好，深知他的才干。

当时刘备在新野驻军。徐庶到刘备麾下，为他出谋划策，刘备非常器重他。徐庶极力向刘备推荐诸葛亮，并说像他这样的人必须由刘备亲自去请。

于是刘备就带着关羽、张飞去拜访诸葛亮。诸葛亮知道刘备要来拜访他，所以故意躲开。刘备到了隆中，扑了个空。但他依然没有放弃，前后共去了三次，诸葛亮终于被他的诚意打动了，就在自己居住的草屋里与刘备详谈。

刘备叫旁边的人回避，对诸葛亮说：『如今汉朝的天下分崩离析，奸臣当道，窃取大权，天子逃难出奔。我自不量力，想要在这个时候伸张大义，可是自己的目光浅短、能力有限，因此屡屡失败。但我的志向从来没有丧失，先生认为我应该采取怎样的计策呢？』

诸葛亮回答道：『自从国贼董卓篡权以来，各路诸侯纷纷起兵，占据几个州郡的队伍数不胜数。与袁绍相比，曹操的名声小，兵力也少，但是曹操之所以能够战胜袁绍，由弱变强，不仅是因为时机好，也是因为曹操谋略得当。如今曹操已拥有大军百万，挟持天子来号令诸侯，的确不能和他争雄。孙权一直占据着江东，已历经三代。那里不但地势险要，而且民众归附，凡是有才能的人都被他重用，所以对于孙权这方面，只能与他结为外援，而不可轻易谋取他。刘表所在的荆州的北面控制汉水和沔水，一直到南海的物资都可以得到，东面直通会稽郡和吴郡，西边连接着巴、蜀二郡，这是兵家必争之地，但是刘表不能守住，这地方大概是上天赐予将军的，将军您现在难道没有夺取它的意思吗？益州关塞险固，土地广阔肥沃，是个自然条件优越，物产丰富，形势险要的地方，当年汉高祖就是凭着这个地方成就帝业的。益州牧刘璋懦弱昏庸，张鲁在北面占据着汉中地区，他那里百姓富裕、国家强盛，但他不懂得爱惜人民。当今天下，有才能的人都想遇到贤明的君主。将军您既然是汉室宗亲，威信和贤德自然闻名天下。如今，您广泛地招揽天下英雄，求贤若渴。如果占据了荆州、益州，凭借这两地险要的地势，向西可以和各族和好，南面可以安抚各族，对外与孙权结成联盟，对内改革国家政治；天下的形势如果发生变化，就可以派一名上将军率领荆州的部队向南阳、洛阳进兵，将军您如果亲自率领益州的军队出征秦川，那么老百姓谁敢不用箪盛着美食，用壶装着美酒来迎接他们所拥戴的将军您的部队呢？如果真的能够做到这样，那么您就可以复兴汉室、成就霸业了。』

刘备听了不禁暗自赞叹：诸葛亮不出茅庐，竟然对天下大事了如指掌，实在是个奇才！

后来，刘备按照诸葛亮的计策与孙权结交，共同对抗曹操，成就了帝业。

釋例六 32年，汉光武帝率军西征隗嚣，到达漆县，诸将多认为以王师之重，不宜远入险阻之地。马援夜至，说隗嚣将帅有土崩瓦解之势，进兵必破；又在光武帝前堆积米类做山谷形，指画山林、险阻形势，开导众军所走的道路，分析进退曲折，十分清楚。光武帝说：『虏在吾目中矣。』第二日清晨，遂进军至第一城，嚣军溃散。

釋例七 （一）约于58年，廉范升为云中（今内蒙古托克托东北）太守。适逢匈奴大举入侵边关，每天都有警报传来。根据旧例，敌人入侵超过五千人，就要向相邻的州郡发文求援。属吏要发出檄文求救，廉范不许，亲自率领士卒抵御敌人。敌人兵势强威而廉范的部队抵敌不住。正当天色将晚的时候，廉范命令军士各人交叉缚住两根火炬，三头点火，营中好像群星罗列。敌人远远看到火炬很多，认为汉朝救兵到了，大吃一惊，等待天一亮就退兵。廉范就命令将士们饱餐一顿，清晨杀奔敌营，杀了几百个敌人。敌人自相践踏，死去的有一千多人。从此，匈奴再不敢进犯云中。

（二）1360年闰五月，陈友谅攻金陵，朱元璋对指挥康茂才说：『你和陈友谅为旧

友，现在他进攻我们，我希望他快来，除你别人办不到。你写封信，派人送给陈友谅，向陈友谅诈降，表示愿做内应，招他速来，并告诉我军情况，让他分兵三路，以减弱他的兵势。』康茂才派人乘小船将信送至陈友谅军。陈友谅得信后非常高兴，得知康茂才在江东桥，并约定在桥会合。陈友谅率舟师东下，直接冲江东桥，在江东桥一带遭遇常遇春、徐达伏兵和张德胜、朱虎舟师内外合击，兵大溃败，被杀和淹死者无数，被俘七千余人，陈友谅逃往江州（今九江）。

釋例八（一）前478年3月，越王攻打吴国，吴王在笠泽抵御，沿着一条河摆开阵势。越王设立左右两翼，让他们一夜里或左或右，击鼓呐喊而前进；吴军分兵抵御。越王带领三军偷渡，对准吴国的中军击鼓进攻，吴军大乱，就打败了吴军。

（二）前408年，魏伐秦，筑洛阴、合阳，占河西地。魏文侯认为吴起善于用兵，为将廉直公平，又能尽得士卒的忠心，于是就任命他为西河战区的最高长官，

范蠡

范蠡，字少伯，春秋楚人。与文种同事越王勾践二十余年，苦身戮力，卒以灭吴，尊为上将军。范蠡在吴越之战中立下大功，功成后，范蠡深知勾践此人疑心甚重，只能共患难，难与同安乐，于是不辞而别，离开越国，泛游四方。

让他负起抗拒秦国和韩国的任务。有一次，吴起率军与秦兵作战，两军尚未交战，有一个十分勇敢的人，前去敌营斩获两个人头回来。吴起下令将他斩首，军执法官谏止，说：『这是勇士，不可斩首。』

吴起说：『勇士倒是勇士，但不是依命令而杀敌人。』遂即斩首，以示军中将士。

（三）34年，光武帝刘秀入关，准备亲征高峻，先遣使令其投降。寇恂奉诏到第一城，高峻派军师皇甫文谒见，辞礼不屈。寇恂大怒，要斩皇甫文。

诸将劝谏说：『高峻拥有精兵一万多人，连年攻不下，现在要其投降而斩杀其使者，这恐怕不合适吧？』

寇恂不答应，遂斩皇甫文，遣其副使回报高峻说：『军师无礼，已经杀了。要降就快降，不想降就固守城池。』

高峻非常恐惧，当天开门投降。

诸将表示庆贺，同时问道：『请问杀了对方的使者还能使对方献城投降，这是什么道理呢？』

寇恂说：『皇甫文是高峻的亲信，是为他出谋划策的人，来到这里，辞意不屈，必无降意。不杀他，皇甫文正得其计，杀他高峻则闻风丧胆，因而投降。』诸将都说：『我们是望尘莫及的。』

原文

《军政》①曰：梅尧臣曰：军之旧典。○王皙曰：古军书。『言不相闻，故为金鼓②；

杜佑曰：金，钲锋也。听其音声，以为耳候。○梅尧臣曰：以威耳也。耳威于声，不可不清。○王皙曰：鼓鼙钲锋之属。坐作进退，疾徐疏数，皆有其节。**视不相见，故为旌旗**③。』杜佑曰：瞻其指麾，以为目候。○梅尧臣曰：以威目也。目威于色，不得不明。○王皙曰：表部曲行列齐整也。**夫金鼓旌旗者，所以一人之耳目也**④；李筌曰：鼓进铎退，旌赏而旗罚；耳听金鼓，目视旌旗，故不乱也。勇怯不能进退者，由旗鼓正也。○张预曰：夫用兵既众，占地必广，首尾相辽，耳目不接。故设金鼓之声，使之相闻；立旌旗之形，使之相见，视听均齐，则虽百万之众，进退如一矣。故曰：斗众如斗寡，形名是也。**人既专一**⑤**，则勇者不得独进，怯者不得独退，此用众之法也**⑥。○梅尧臣曰：一人之耳目者，谓使人之视听齐一而不乱也。鼓之则进，金之则止，麾右则右，麾左则左，不可以勇怯而独先也。○王皙曰：使三军之众，勇怯进退齐一者，鼓锋旌旗之为也。○张预曰：士卒专心一意，惟在于金鼓旌旗之号令。当进则进，当退则退，一有违者必戮。故曰：令不进而进，与令不退而退，厥罪惟均。○尉缭子曰：『鼓鸣旗麾，先登者未尝非多力国士也，将者之过也。』言不可赏先登获俊者，恐进退不一耳。**故夜战多火鼓，昼战多旌旗，所以变**⑦**人之耳目也**。李筌曰：火鼓，夜之所视听；旌旗，昼之所指挥。○陈皞曰：杜言夜黑之后，必无原野列阵，与敌人刻期而战，非也。天宝末，李光弼以五百骑趋河阳，多列火炬，首尾不息。史思明数万之众，不敢逼之，岂止待贼斫营而已？○贾林曰：火鼓旌旗，可以听望，故昼夜异用之。○梅尧臣曰：多者，欲以变惑敌人耳目。○王皙曰：多者所以震骇视听，使慹我之威武声气也。《传》曰：『多鼓钧声，以夜军之。』

注釋 ①《军政》：古兵书，已失传。②言不相闻，故为金鼓：为，设、置。金鼓，古代用来指挥军队进退的号令设施，擂鼓进兵，鸣金收兵。③旌旗：代指旗帜。④所以一人之耳目也：意谓金鼓旌旗之类，是用来统一部卒的视听和行动的。人，指士卒、军队。一，统一。⑤人既专一：此句谓士卒一致听从指挥。专一，同一、一致。⑥此用众之法也：用众，动用、驱使众人，也即指挥人数众多的军队。法，法则、方法。⑦变：适应。

譯文 《军政》中说：『作战中，用语言指挥众人听不清，所以要设置金鼓；用动作指挥众人看不见，所以要设置旌旗。』金鼓旌旗的作用，是用来统一军队上下的行动的；全军上下众志成城，那么勇敢的士卒就不能单独冒进，怯懦的士卒也就不能独自后退。这是指挥大部队作战的方法。因此，凡夜间作战多用火光、锣鼓，白天作战多用旌旗指挥，这都是根据人们视听的需要而变换的。

釋例九 621年5月，唐太宗在洛阳城四周布下长围困住了王世充。这时窦建德带十多万兵马前来救援，已进抵酸枣。唐太宗留下李元吉，让他继续围困王世充，自己率领步骑三千五百人，急行军赶赴虎牢。窦建德听到消息，就在汜水东岸摆好阵势，王世充的部将率一部分兵马也在南边结阵以待。阵势连接起来有好几里长，鼓噪与喊杀声闹得惊天动地，唐军将领们不免紧张起来。唐太宗为了侦察敌情，带了几名亲信骑兵登上高丘，向远处瞭望一下，下来后对将领们说：『敌人原来起自山东，从未经历过大战役，如今

李世民

在唐朝的统一战争中最大的一次战役是对王世充和窦建德的战役。李世民先将王世充击败，围困在洛阳，令其无粮草供应，待其自毙。就在洛阳将下未下之时，河北的窦建德军突然出现在唐军背后，李世民在虎牢之战中大败窦建德军，生擒窦建德。洛阳的王世充也只得投降，这次李世民一举两克，取得了决定性的胜利。

行军，当经过险要地区就大叫大闹，是不讲纪律；阵势敢摆到虎牢城下，是轻视我军。我们暂按兵不动，等敌人气衰，兵士饥饿疲劳，他们就得自行撤退，我们乘势出兵追击，必定所向无敌。』窦建德的军阵从辰时摆到午时，兵士又饥又疲倦，都坐卧不安，又抢着喝水。窦建德这时迟疑了一会儿，准备收兵退出战场。唐太宗对部将说：『该打了！』就亲自率领轻骑出营，奋力追赶，大军跟在后面迅速行动。窦建德要回军重新摆阵迎战，还没来得及摆好行列，唐太宗一马当先，所向披靡，随即命令全军投入战斗。唐太宗率领勇将史大奈、程咬金、秦叔宝等竖起了旗幡，冲入敌阵，一直杀到阵后，把旗幡都张开。敌兵看到了军心大乱，彻底崩溃。窦建德在阵上被活捉。

原文

故三军可夺气①， 曹操曰：左氏言一鼓作气，再而衰，三而竭。王曰：『一鼓作气，再而衰，三而竭。鸯鼓而钦不应，其势已屈，不走何待。』钦果引去。〇王皙曰：震怒衰情，则军气夺矣。〇何氏曰：《淮南子》曰：『将充勇

而轻敌，卒果敢而乐战，三军之众，百万之师，志厉青云，气如飘风，声如雷霆，诚积逾而威加敌人，此谓气势。』吴子曰：『三军之众，百万之师，张设轻重，在于一人，是谓气机。』故夺气者有所待，有所乘，则可矣。**将军可夺心**②。李筌曰：怒之令愤，挠之令乱，间之令疏，卑之令骄，则彼之心可夺也。○梅尧臣曰：以鼓旗之变惑夺其气；军既夺气，将亦夺心。○王皙曰：纷乱喧哗，则将心夺矣。○何氏曰：先须己心能固，然后可以夺敌将之心。故《传》曰，『先人有夺人之心』，《司马法》曰，『本心固新气胜』者是也。○陈皞曰：初来之气，气方盛锐，勿与之争也。○孟氏曰：《司马法》曰：『新气胜旧气。』新气即朝气也。○王皙曰：士众凡初举气锐也。**是故朝气锐，昼气惰，**王皙曰：渐久少怠。**暮气归**③孟氏曰：朝气，初气也，昼气，再作之气也；暮气，衰竭之气也。○梅尧臣曰：朝，言其始也昼，言其中也；暮，言其终也。谓兵始而锐，久则惰而思归，故可击。○王皙曰：怠久意归，无复战理。**故善用兵者，避其锐气，击其惰归**④，**此治气者也**⑤。李筌曰：气者，军之气勇。○杜佑曰：避其精锐之气，击其懈惰欲归，此理气者也。曹刿之说是也。○梅尧臣曰：气盛勿击，衰懈易败。**以治待乱**⑥，**以静待哗**⑦，**此治心者也**。李筌曰：伺敌之变，因而乘之。○杜牧曰：《司马法》曰：『本心固。』言料敌制胜，本心已定，但当调治之，使安静坚固，不为事挠，不为利惑，候敌之乱，伺敌之哗，则出兵攻之矣。

以近待远，以佚待劳，以饱待饥，此治力者也。李筌曰：客主之势。○杜牧曰：上文云致人而不致于人是也。○杜佑曰：以我之近，待彼之远；以我之闲佚，待彼之疲劳；以我之充饱，待彼之饥虚。此理人力者也。○梅尧臣曰：无困竭人力以自弊。○王皙曰：以余制不足，

世民引兵征西河郡

唐太宗李世民随父李渊在太原起事，首战西河郡。西河郡是进兵长安途中的重镇，李世民兵力长驱直入。在后来的战争中，李氏越战越勇，实力大增，并于618年建立唐朝。建唐以后，地方上还有其他势力对唐朝虎视眈眈，王世充和窦建德就是其中实力较强的一支。

善治力也。**无邀正正之旗⑧，勿击堂堂之陈⑨，此治变者也。**曹操曰：正正，齐也；堂堂，大也。○李筌曰：正正者，齐整也；堂堂者，部分也。

注释 ①故三军可夺气：意谓三军旺盛勇锐之气可以挫伤，使之衰竭。夺，此处作『失』解。气，指旺盛勇锐之士气。②将军可夺心：指将帅的意志和决心可以设法使之动摇。夺，这里是动摇之意。③朝气锐，昼气惰，暮气归：此句言士气变化之一般规律：开始作战时士气旺盛，锐不可挡，经过一段时间后，士气逐渐懈怠，到了后期士气就衰竭了。朝，早晨。锐，锋锐。昼，白天。惰，懈怠。暮，傍晚。归，止息、衰竭。④避其锐气，击其惰归：避开士气旺盛之敌，打击疲劳沮丧、士气衰竭之敌。⑤此治气者也：意谓这是掌握运用士气变化的通常规律。治，此处作掌握解。⑥以治待乱：以严整有序之己对付混乱不整之敌。治，整治。待，对待。⑦以静待哗：以自己的沉着镇静对付敌人的轻躁喧动。哗，鼓噪喧哗，指骚动不安。

⑧无邀正正之旗：意谓勿迎击旗帜整齐、部署周密的敌人。邀，迎击、截击。正正，严整的样子。⑨勿击堂堂之陈：即不要去攻击阵容强大、实力雄厚的敌人。陈，同『阵』。堂堂，壮大。

譯文 对于敌军，可以使其士气衰落；对于敌军将领，可以使其决心动摇。一般情况下，初投入战争时士气饱满旺盛，经过一段时间士气就会逐渐懈怠减弱，最后士气便完全衰竭、人人思归了。所以，善于用兵的人总是避开敌人士气旺盛的时候，等到敌人士气低落、衰竭的时候再发起攻击，这是掌握士气而用兵的方法。用自己的严整对付敌人的混乱，用自己的镇静对付敌人的轻躁，这是掌握敌军心理而用兵的方法。以就近占领阵地来迎战长途跋涉的敌军，以休整安逸来迎战奔走疲劳的敌军，以粮饷充足来迎战饥饿不堪的敌军，这是掌握军队战斗力而用兵的方法。不要去迎击部署周密、旗帜整齐的敌人，不要去进攻阵营雄壮、组织严整的敌人，这是掌握灵活机变而用兵的原则。

釋例十 24年，赤眉军夜攻耿纯营寨，箭似雨般射入营内，营内士兵死伤很多。耿纯约束部队坚守不动。选拔二千人组成敢死队，均手持有力弓弩，各携三只箭，中衔枚（类似筷子）而潜行，绕至赤眉队伍后方，齐声鼓噪，强弩齐发。赤眉军惊逃。耿纯全军追击，遂大破敌人。这是耿纯治心以静而胜。

釋例十一 （一）537年，东魏高欢伐西魏宇文泰，从蒲津渡河。宇文泰也到渭南，欲进

曹操决水淹冀州

曹操带领兵马进攻冀州城，冀州城墙坚固，墙头又高，无法攀援。曹军久攻不下，许攸于是献计，用漳河的水来淹冀州城。城中粮食不足，又遭水灾，城民无法忍受，必定会出来投降。曹操用许攸的计策，围城二十里，决漳河之水淹冀州。过三日，等到水退下，曹军破城而入。

兵攻击高欢。诸将以寡不敌众，请求等到高欢向西前进，再观形势。宇文泰正色道：『今乘他越山渡河远来，兜头迎击，彼衰我锐，何患不胜！』遂下令就渭水架浮桥，即日渡渭，直抵沙苑。又徙至渭曲，背水列营。高欢军至，望见西魏营内，偃旗息鼓，便麾兵直进，没有什么行列。俄闻西魏营内鼓声骤震，芦苇丛里伏兵齐起，欢军立即大乱。

（二）1140年，宋将刘锜打败金将乌禄于顺昌城下。金元帅兀术听到败信，即率兵十万来援。当时是盛夏，天气酷热，兀术人马多渴，饮水食草，人中毒就生病，马中毒就死。兀术还不知中计，列阵以待。刘锜以逸待劳，按兵不动。日已过午，天气稍稍凉快一点，刘锜遣数百人出西门，与敌接战。接着又有数千人从南门杀来，下令不得呼喊，但持巨斧乱砍，将金兵冲成数截。兀术纵出铁骑，分左右翼，号为拐子马，前来抵敌。刘锜用拒马木为障，阻住敌骑，且约定稍作休息，各进夜餐。刘锜命军士入城担饭，持至饭羹，分饷军士。刘锜也下马进餐，从容就像平时。兀术也命部众饱食干粮。两下食尽，刘锜军撤去拒马木接仗。

刘锜见兀术身披白袍，便奋呼道：『擒贼先擒王，何不往擒兀术？』军士都向兀术杀来。兀术一退，阵势顿时大乱，兀术亦即退走。

釋例十二 204年，曹操围邺，袁尚率军来救。曹军诸将都认为『此归师，人自为战，不如避之』。

曹操说：『袁尚堂堂正正地从大道来，当避开他；若循西山来，那他就肯定被我所擒了。』

袁尚果然循西山而来，扎营在滏水旁。夜派兵进攻曹军围堑，曹军击败他之后，遂围其营。袁尚乘夜逃走，其军大溃。

釋例十三 564年，北周命令尉迟迥为先锋，进攻洛阳。北齐令段韶督促精兵从晋阳启行，济河南下，碰上连日阴雾，周军无从探悉齐军情况。段韶竟与诸将上登邙坂，窥察周军形势，进至太阳和谷，与周军相遇。韶与诸军会师，整甲以待。周军前队都是步卒，遂踊跃上山，来战齐兵。段韶且战且退，引至深谷。周军锐气已衰，齐军下马奋击。周军瓦解，或坠崖，或投河，伤亡众多。

原文 **故用兵之法：高陵勿向①，背丘勿逆②，**李筌曰：地势也。○孟氏曰：敌背丘陵为阵，无有后患，则当引军平地，勿迎击之。○杜佑曰：敌若依据丘陵险阻，陈兵待敌，勿轻攻

夏侯拔矢啖睛

夏侯，三国时魏国猛将，甚得曹操欢心。他勇猛过人，胆量为一般人所不能及。东汉末，沛城之战之时，夏侯被射中左眼，拔箭的时候把眼珠也一连拔出，他口中叫道：『父精母血，不可弃也！』便将自己的眼珠吃了。

趋（趍）也。既驰势不便，及有殒石之冲也。**佯北勿从**③，李筌杜牧曰：恐有伏兵也。○杜佑曰：北，奔走也。敌方战，气势未衰，便奔走而陈兵者，必有奇伏，勿深入从之。故太公曰：『夫出甲陈兵，纵卒乱行者，欲以为变也。』○梅尧臣同杜牧注。○王皙曰：势不至北，必有诈也，则勿逐。**锐卒勿攻**④，李筌曰：避强气也。○陈皞曰：此说是避敌所长，非锐卒勿攻之旨也。盖言士卒轻锐，且勿攻之；待其懈惰，然后击之。所谓千里远斗，其锋莫当，盖近之尔。○梅尧臣曰：伺其气挫。**饵兵勿食**，李筌曰：秦人毒泾上流。○杜牧曰：敌忽弃饮食而去，先须尝试，不可便食，虑毒也。后魏文帝时，库莫奚侵扰，诏济阴王新成率众讨之。王乃多为毒酒；贼既渐逼，使弃营而去。贼至，喜，竞饮。酒酣毒作。王简轻骑纵击，俘获万计。○梅尧臣曰：鱼贪饵而亡，兵贪饵而败。敌以兵来钓我，我不可从。○王皙曰：饵我以利，必有奇伏。**归师勿遏**⑤，李筌曰：士卒思归，志不可遏也。**围师必阙**⑥，曹操曰：《司马法》曰：『围其三面，阙其一面，所以示生路也。』○李筌曰：夫围敌必空其一面，示不固也。若四面围之，敌必坚守不拔也。项羽坑外黄，魏武围壶关，即其义也。○杜佑曰：若围敌平陆之地，必空一面以示其虚，欲使战守不固，而有去留之心。若敌临危据险，强救在表，当坚固守之，未必阙也。此用兵之法。梅尧臣同曹操注。**穷寇勿追。**○陈皞曰：鸟穷则搏，兽穷则噬也。○梅尧臣曰：困兽犹斗，物理然也。**此用兵之法也。**

注释 ①高陵勿向：即对已经占领了高地的敌人，我军不要去进攻。高陵，高山地带。向，仰攻。②背丘勿逆：此句言敌人如果背倚丘陵险阻，我军就不要去正面进攻。背，倚托。逆，迎击。③佯北勿从：此句言敌人如果伪装败退，我军就不要去追击。佯，假装。北，败北，败逃。从，跟随。④锐卒勿攻：意谓敌人的精锐部队，我军不要去攻击。锐卒，士气旺盛的敌军。⑤归师勿遏：对于正在向本国退却的敌军，不要去正面阻击他。遏，阻击。⑥围师必阙：在包围敌军作战时，当留有缺口，避免使敌做困兽之斗。阙，同『缺』。

譯文 所以，用兵的基本原则是：敌人占领高地时不要去仰攻，敌人背靠高地时不要正面攻击，敌人佯装败退时不要跟踪追击，不要贸然攻打敌人的精锐部队，不要理睬敌人的诱兵，对撤退回国的敌人不要半途阻击，对敌人实行包围时要有缺口，对陷入绝境的敌人不要过分逼迫。这些都是指挥作战最基本的原则。

釋例十四 203年，刘表派遣刘备率军北侵，至叶。曹操派李典随夏侯惇拒敌。相拒数日，刘备却忽然烧自己驻地而去。夏侯惇率诸军欲进行追击，李典说：『贼无故退军，疑必设伏兵。况且南道狭窄，草木已深，不可追击。』夏侯惇不听，令李典留守，自与于禁追击，果然陷入伏兵包围中，交战不利，幸赖李典前往救援，才得退归。

释例十五 620年，唐太宗率军奔往河东，征讨刘武周。江夏王李道宗从军远征。太宗登玉壁城眺望，回顾道宗说：『贼恃其众，要我交战，你说怎么办？』道宗答道：『群贼锋不可当，易用计让他们屈服，难以和他们力争。于是命令深壁高垒，以挫其锋；敌人是乌合之徒，不能持久；粮运致竭，自当离散，可不战而擒。』太宗说：『汝意见暗与我合。』后来，刘武周因粮草用尽，遂乘夜遁走。唐太宗麾军追击，刘武周逃亡突厥。

释例十六 （一）211年，曹操率军西征，与马超等夹关驻军。操暗遣徐晃、朱灵等夜渡蒲阪津，占据河西设营。操率军自潼关北渡河，未得去，马超率军突然赶到，急于登船交战；曹操校尉丁斐放出牛马以诱引超军，超军遂乱，兵士们抢夺牛马。曹操趁其混乱时机得以渡河，循河而南进。

（二）407年，自称大夏王的赫连勃勃，向南凉秃发傉檀求亲，傉不许，勃勃大怒，率骑二万，进攻南凉。勃勃气势正盛，南凉兵已战乏，傉檀大败，兵士伤亡万余人。勃勃驱掠二万七千口人、牛马羊数万而还。傉檀就率众急追，他的部将焦朗对他说：『勃勃统御军队有方，不可轻敌。现在劫掠人口牲畜，率思归将士，遇敌必奋战，难与争锋。不如去万斛堆，阻水结营，制其咽喉之路，这是百战百胜之术。』傉檀不同意。勃勃于

曹操引兵取壶关

曹操攻取壶关之战中，曹仁立下大功。曹仁，字子孝，曹操堂弟。善用兵，多谋略。曾跟随曹操攻陶谦、吕布、张绣，并多次立功。与周瑜、马超、关羽交战时，失误不多，是曹操手下能独当一面的大将军。官拜大将军、大司马，封陈侯。

阳武下峡凿陵埋车，用以塞路，并率兵反击，大败俘檀，死伤以万计。

释例十七（一）184年，汉灵帝派朱俊去攻打宛城的黄巾军。黄巾军战败，退保内城，派人乞降。朱俊不许，遂督促兵力攻内城。黄巾军料无生路，冒死抵抗，无懈可击。朱俊登上高山城头的特筑土山，默视城内，回顾待于身旁的张超说：『我已想得破敌的方法了：敌因外围围困，内城逼急，请降不受，欲出不得，没奈何跟我死战；试想万人一心，尚不可当，况多至数万呢！我意在暂时撤围，纵敌出城，敌得出城机会，必无心恋战，势散心离，就容易歼灭了！』当即传令撤围，退出城外。黄巾军首领韩忠不知是计，于是号召守城部众倾城而追。朱俊率兵且战且退，诱韩忠离城十多里后返身相杀，且分兵抄出敌后，截断敌兵归路。韩忠兵败投降。

（二）206年正月，曹操亲自率军西征叛将高干。高干退守壶关，曹仁跟随着曹操去围攻壶。曹操命令说：

『攻下城后，把城中的人全都活埋！』可是一连几个月也没能攻下来。

曹仁对曹操说：『围城必须告诉城中人逃生的门路以及通往这条生路的方法。如今您告诉他们的惟有一条死路，势必会使人人死守。况且壶关城墙坚固，粮草充足，硬攻的话会损伤我们的士兵，相持的话要拖延许多日子；现在我们在坚固的城下驻扎军队，去攻打决心拼死一战的敌人，这不是好办法啊！』曹操采纳了曹仁的意见，城中的守军果然投降了。于是曹操记下曹仁的前后功绩，封他为都亭侯。

释例十八（一）西汉时期，西北边疆一直动荡不安，夷狄少数民族屡屡进犯，羌族也是其中之一。羌族在汉朝时有先零、广汉等十多个部落，曾依附匈奴。张骞出使西域后，羌人逐渐内迁。宣帝时，先零要求渡过湟水游牧。宣帝恐羌人有诈，不曾应允，但是先零羌不肯罢休，联合本族各部落，强渡湟水，占据了汉朝边郡地区，郡县无力禁止。宣帝于是派赵充国征讨先零羌人。羌人见汉朝大军压阵，心下胆骇，于是放弃辎重，想徒步度过湟水奔逃。赵充国手下见此情景，十分着急，请求出兵，赵充国不许。有的将领说：『追敌宜速。要不然，等敌军渡过湟水，想追都来不及了。』赵充国却说：『穷寇勿追。何况羌人连辎重都抛下，求生意志坚决。此时急追，羌人走投无路，一定会奋起反抗，对我们损失很大。倒不如等他们渡过湟水，立足未稳的时候进攻。这时才可以大获全胜。』

于是汉朝大军陈兵于后，羌人惊惶不已，无头苍蝇一般争先过河。在湟水淹死的就多达上万人。赵充国见羌人阵脚大乱，人心惶惶，才下令进攻。羌人抵挡不及，被杀得落花流水。

（二）1771年，越南平定省爆发了阮文岳、阮文惠兄弟领导的农民起义，起义军号称西山军。当时的越南北方是郑氏政权，南方是阮氏政权。经过一年的战争，西山军消灭了阮军的主力。这时北方郑氏政权也想乘机捞一把，派黄五福带兵南下，攻占阮朝首都富顺。不久，西山军又和黄五福交上火，因寡不敌众，退回归仁。

西山军为了避免腹背受敌，决定利用郑阮之间的矛盾，拉一方打一方。西山军主动与郑军讲和。郑军此时因军中流行瘟疫，战斗力削弱，所以也愿意与西山军和解。这样，阮文惠成了郑氏政权的『壮节将军』，阮文岳成了『前锋将军』，但实际上他们并没有投降，也没有交出军队指挥权。西山军与郑军和好以后，得到了休整恢复的机会，着手巩固归仁根据地。因北方无战事，西山军就全力以赴地打击南方阮氏政权。

在1776年和1778年，西山军两次讨伐阮军，均获成功。在这种情况下，阮文岳自立为西山王，表示完全独立，取消郑氏所赐的各种封号。后来，阮文岳自称为皇帝，发兵攻打北方，到1786年消灭了郑氏政权。

面对郑氏和阮氏两个敌人，西山军将郑氏视为『远敌』，暂时结盟，视阮氏为『近敌』，兴兵征讨，在消灭了阮氏之后接着又灭亡了郑氏。试想，如果西山军不采取这种远交近攻的谋略，而是向郑氏、阮氏同时用兵，那么西山军也不会名垂青史了。

（三）前1792年，汉漠拉比即位，成为古巴比伦王朝的第六任国王。当时的巴比伦疆域狭小，国势很弱，而四周却是强国如林：西北有玛里，东北有埃什努那，南边有伊新、乌鲁克，东南有拉尔萨，北面是亚述，东面是善战的伊兰人。

为使巴比伦强大起来，汉漠拉比致力于发展经济，几年后巴比伦就财茂物丰。雄才大略的汉漠拉比不满足于此，他的奋斗目标是吞并诸国，统一两河流域。为此他采用了远交近攻的战略。

汉漠拉比将南方的近邻伊新确定为首先吞并目标。为达到这一目的，他向强大的亚述帝国俯首称臣，极尽讨好之能事，同时又和拉尔萨密切友好关系。其后，汉漠拉比联合拉尔萨一举灭亡了伊新，并趁机吞并了乌鲁克。

后来，汉漠拉比又联合饱受亚述压迫的玛里，共同对付亚述。公元前年，亚述国王沙玛什亚达德一世去世，汉漠拉比乘机帮助原玛里国王吉摩里利姆复位，接着两国军队开往亚述，占据了亚述的南部地区，亚述帝国从此一撅不振。

为进一步拉拢玛里，汉漠拉比出兵帮助玛里打败了西边游牧部落和东邻埃什努那的进攻，使玛里国王吉摩里利姆同他结为刎颈之交。

看到巴比伦北部再也没有强敌，汉漠拉比又把吞并的矛头指向昔日的盟友拉尔萨。前1763年，汉漠拉比联合玛里军队打败了拉尔萨。

当玛里国王吉摩里利姆深感自己处境危险的时候，汉漠拉比已将大军摆在玛里城下，原为『兄弟』的吉摩里利姆被迫向汉漠拉比称臣。两年后，吉摩里利姆发动叛乱，被汉漠拉比杀死。

前1755年，汉漠拉比吞并了最后一个邻国埃什努那。这样，经过三十年的征战，汉漠拉比终于统一了两河流域。

（四）北宋初年，大将曹彬奉宋太宗旨意率兵收复幽、蓟等州，然后向琢州挺进。

契丹军大将耶律休哥自知所率人马不多，不敢与宋军正面交锋，所以只是派遣精锐骑兵截击宋军粮草。萧太后得到耶律休哥的情报后，亲自率领雄师前往琢州增援。

耶律休哥得知援军很快就到，便率军先赶到琢州，采用佯攻的办法消耗宋军的实力。他派轻骑兵向宋军挑战，待宋军前来迎战时，则一战即退。等到宋军开饭时又冲杀过去，待宋军放下饭碗时，他们又且战且退。到了夜间，耶律休哥派人又是击鼓又是喊叫，等宋军杀出时却不见一人。如此这般每天重复几次，弄得宋军口不得食、夜不能眠、筋疲力尽、斗志尽丧。

正在这时，传来了萧太后率领精锐部队快到琢州的消息。曹彬和大将米信商议说：『我看不如暂且退兵，等待适当时机再出击。』米信完全同意，说道：『我们力尽粮竭，怎么能与这样强劲之敌对抗呢？知难而退，这是行军的要诀。咱们快撤兵吧！』

曹彬急忙下令撤兵，没想到这一退，全军顿时乱了阵脚，横不成列竖不成行，乱糟糟地向南溃逃而去，耶律休哥乘势追击，在岐沟终于追上宋军。宋军此时已无心恋战，勉勉强强挥戈交锋。宋军疲惫之师怎能敌得过契丹精锐之旅呢？曹彬支撑不住，继续败退。

好不容易跑到沙河，看看追兵尚远，曹彬命人埋锅做饭。刚要吃饭时，忽然战炮连天，契丹兵追赶而来。曹彬不敢再战，弃食忍饥，慌忙率军渡河南走。可是渡河的人马还不到一半，契丹兵已经赶到，把宋军杀得人仰马翻。

这一仗耶律休哥本来处于劣势，但是他善于用计，派少数士兵骚扰宋军，使他们寝食难安，疲惫不堪，然后率重兵发动进攻，大败宋军。此计就是三十六计中的『以逸待劳』。

（五）明朝末年，老百姓生活在水深火热之中，纷纷揭竿而起。1640年7月，张献忠率领农民起义军攻入四川，明朝主力大军全部入四川围剿，河南一带的防务变得十分脆弱。农民起义军领袖李自成趁此机会迅速壮大了自己的力量，并且连续取得攻克宜阳、偃师、新安等城池的胜利。

宜阳、偃师和新安属豫西重镇洛阳的外围。明朝福王朱常洵就住在洛阳。朱常洵的母亲是神宗朱翊钧的爱姬；朱翊钧爱屋及乌，对朱常洵也格外宠爱，把大量金银财物赏赐给朱常洵。朱常洵金银无数，却异常吝啬，不但洛阳城的百姓怨恨他，就是他府中的兵丁也时有不满。官府的军队大多抽调入四川去平定张献忠，洛阳城中已无多少将士，因此，洛阳城在这个特殊的时刻，变成了一座『兵弱而城富』的重镇。

李自成当然不会轻易放过攻取洛阳城的大好机会。1641年正月，李自成率起义军兵临洛阳城下，拉开了攻城的序幕。

生死关头，福王朱常洵竟只顾自己，调集亲兵保护府库，对于城头上的战事不闻不问。守城将领一再要求朱常洵发放银两，犒赏守城士卒；朱常洵狠狠心才拨出了三千两白银，可是，区区三千两白银还被总兵王绍禹等人吞没了。朱常洵忍痛又拨出一千两。士兵们因分配不均而争斗不止，最后竟发展成兵变。士兵们将兵备道王允昌捆绑起来，将城楼烧毁，又大开北门，迎接起义军入城。总兵王绍禹见大势已去，仓皇跳城逃命，福王也企图缒城逃跑，但没跑多远，就被起义军抓获。起义军打开福王粮仓赈济城内老百姓，举城一片欢腾。

李自成只用极小的代价就轻易地夺取了洛阳城。

（六）王羲之曾在临沂担任太守，他巧判的一个案子在当地广为流传。

家住唐家湖的唐兴自幼丧母，全靠父亲把他拉扯大。一次，他的父亲上山采石，不小心摔死在山涧里。唐兴想选一块好地安葬父亲，以报养育之恩，无奈自家穷得无立锥之地。有心的乡亲对他说：『财主牛鲁家的祖坟前有一块空地，现在还荒着，你不妨去找他说说，今天正逢他的老母80大寿，如果他高兴，兴许会施舍你一块地。』

唐兴没有办法，只得厚着脸皮去找牛鲁。没想到牛鲁十分爽快地说：『俺向来以行善为本，今儿个老母80大寿，乡邻有了难处，俺岂能坐视不理。好吧，看在众乡亲的份上，俺就施舍一块空地给你葬父，不过你要送一壶好酒给俺娘贺寿。』

乡亲们听了，都夸牛鲁心眼好，忙叫唐兴叩谢牛鲁，然后帮唐兴安葬了父亲，又凑钱买了一壶好酒，让唐兴送到牛鲁的府上。

这件事本来就算完了，谁知五年之后却又起了风波。

这五年间，唐兴靠出苦力攒了一笔钱，买了几亩山地，盖了几间草房，还娶了媳妇，小日子过得还算红火。牛鲁一见有油水可榨，便开始琢磨怎样夺唐兴的田产。于是，牛鲁就在五年前施舍坟地的事上做文章。

这一天，牛鲁领着一帮狗腿子闯进了唐兴的家，对唐兴说：『恭喜唐兄发财，你这几年日子好过了，俺却把本钱赔个精光。没法子，前几年你借的账，咱今天就清了吧！』

唐兴听了，丈二和尚摸不到头脑，不解地问：『牛老爷，俺啥时欠过你的钱啊？』

牛鲁冷笑道：『真是贵人多忘事，俺来问你，五年前，你爹葬在何处？』

唐兴答道：『俺爹是葬在你家的荒地里，可当时讲好你施舍给俺那块地，俺送一壶好酒给你老母贺寿就算了结了。』

牛鲁突然绷起脸说：『说的轻巧！我要的是一「湖」酒，你却只送我一壶酒，且不说有名的太湖、洞庭湖，就是咱村前的唐家湖，你算算能盛多少壶酒？』

唐兴听了这番话，肚皮差一点儿气炸，牛鲁分明是趁火打劫，仗势欺人。他指着牛鲁的鼻子骂道：『你是一个狼心狗肺的小人，这种冤枉债我就是不还。』

牛鲁气急败坏地让狗腿子们一拥而上，对唐兴拳打脚踢，最后把房里值钱的东西抢个精光，然后扬长而去。

唐兴把状纸递给新任太守王羲之。王羲之知道牛鲁是地方一霸，为人刁滑，要想让他服输只能采用『以其人之道还治其人之身』的办法。他听说牛鲁家养了一大群鹅，顿时计上心来。

这天，王羲之亲自来到牛鲁家，牛鲁见太守来访，受宠若惊。王羲之说：『下官生性爱鹅，听说员外养了许多鹅，我想用下官亲笔手书的《乐毅论》来换员外的一活鹅，不知员外意下如何？』

牛鲁知道王羲之一字值千金，如果能用一只鹅换来一幅字，真是飞来的福气。他高兴得一夜未睡好觉，第二天清早，就拎着一只上好的大白鹅回拜太守府。王羲之见鹅，拍手笑着说：『真是万里挑一的好鹅，不知其他鹅是否也这么好看？』

牛鲁满脸堆笑：『小人家的鹅都是这样，大人吩咐要一只活鹅，所以小人今天只带来这一只，如果大人还要的话，小人改天再多送几只。』

王羲之闻言，陡然变色，拍着惊堂木喝道：『胡说，本官要的是「一河鹅」。难道本官亲笔手书的《乐毅论》就只值一只鹅的价钱吗？大胆牛鲁，诈骗本官，该当何罪？』

牛鲁不服气地辩驳道：『请问大人，天下人买鹅卖鹅只论个、十、百、千，哪有论河论湖的道理？』

王羲之见时机已到，便传唐兴上堂，厉声喝问牛鲁道：『鹅不应论河，那么酒怎能论湖？』

此时，牛鲁才知道不知不觉间上了王羲之的圈套，无奈自己理屈，只得苦苦哀求，请太守老爷饶恕。

王羲之提笔写道：『牛鲁抢占唐兴的家产要如数归还，另罚银五百两，以补偿唐兴惊吓奔波之苦。本官以清正为本，焉能要劣绅的白鹅，着令牛鲁奉还本官的《乐毅论》，堂上白鹅退回。以上如有半点差错，罪加一等。』

此判一宣，马上成为当地街谈巷议的佳话，百姓无不称赞王羲之理案之巧妙。

（七）前494年，吴王夫差兴倾国之兵，取水道伐越。吴、越两军在夫椒（今太湖椒山）会战，吴国一举打败越国军队。勾践带领五千余残兵败将逃于会稽山上，遂被夫差以重兵围困。在万般无奈之际，勾践只好接受文仲『卑辞厚礼』向吴求和的建议，演出了一场韬略的戏剧。

为了取信于吴王，勾践先派文仲携带美女宝器，贿赂了夫差的宠臣伯嚭，让伯嚭在夫差面前进言，允许越国求和；随后带上妻子和范蠡等人，作为人质，来到吴国首都会稽，在夫差先父阖闾大墓旁的石屋里，为夫差当马夫。勾践精心侍奉夫差，夫差每次外出，都由勾践牵马；夫差病了，勾践不但送茶送饭，端屎端尿，而且口尝夫差拉下的粪便，以确诊其病情的阴阳寒热。勾践的行动，终于赢得了夫差的信任，于前491年将他释放回越国。

勾践当着夫差的面，忠心耿耿，忍屈受辱，但骨子里却雄心未泯，时刻不忘复仇大业。他返回国后没有回到王宫，而是到农民中间询问疾苦，与有才之士共商大计。为了鞭策自己，他卧薪尝胆，过着普通百姓的生活，励精图治，为富国强民煞费心机。同时他年年向吴国进贡，还命大臣挑选、训练了西施等绝色佳人送给夫差，以麻痹吴国对越国的戒备。就这样，勾践双管齐下，使吴国放松警惕，也使本国日渐振兴。

后来，吴国名将伍子胥被杀害，国内又遭严重旱灾，连螃蟹、水稻都干死了，国内一片混乱的景象，百姓怨声四起。恰在这时，吴王夫差又北上，和中原各国诸侯在黄池盟会，国内空虚。越王勾践趁火打劫，亲自率兵数万，彻底打败了吴国。吴王夫差被困在阳山，最后掩面自杀。

越王勾践从失败中吸取教训，忍辱负重二十年，又能在夫差得意忘形之际，适时抓住机会趁火打劫，一举消灭了吴国。此举堪称多计并用，也是趁火打劫之计的妙用，毕竟这场『火』让勾践等了二十年。

（八）明朝天启五年（1625），左副都御史杨涟、左佥都御史左光斗、给事中魏大中、御史袁化中、太仆寺少卿周朝瑞、陕西副史顾大章等『六君子』出受贿大案。七月，六人先后被捕下狱，相继身亡。时人尊称死去的杨左诸人为『六君子』，这一惨案则被称为『六君子事件』。

六君子事件实际上是以魏忠贤为首的阉党势力大兴冤狱，施无中生有之计，栽赃陷害再辅之以酷刑虐待，排除异己的作为。

魏忠贤本是个市井无赖，进宫做了太监，后利用与其『对食』的客氏（客氏为皇太子朱由校的乳娘），在后宫内大肆杀伐。不久，魏忠贤就变成了宫中说一不二的大太监，但他并不甘心做个阉人首领，为了达到专权朝政的目的，他一方面极力满足东林党人抬出的熹宗昏愦无能喜女色好游猎的特性，操纵熹宗，另一方面，在朝廷内外，广结私党。宫内利用客氏，朝中则广纳吃了东林党败仗前来投靠的三党人物。

天启四年（1624）六月，东林党人杨涟首先上疏，指斥阉党首领魏忠贤有自行拟旨，擅权专政；斥逐直臣，重用私党；违反祖制，滥袭恩荫；毁人房屋，起建牌坊；利用厂卫，陷害忠良等二十四项『大奸恶』的罪行。杨的奏章中还说：『当前宫廷和都城之内，人人只知魏忠贤，而不知有陛下，掌生杀予夺之权，而皇上怎么能不自主决定，而受制于魏氏小丑呢？』杨涟的奏章直陈魏忠贤专权篡国的野心，使魏忠贤非常害怕，于是串通阉党王体乾等人，大事化小，让客氏在熹宗前哭闹疏解。结果，魏忠贤不仅自己毫无损伤，反而杨涟遭诏书痛斥，虽然后来魏大中、左光斗等一百多人，皆上呈奏章，纷纷劾参魏忠贤，都因熹宗的袒护和魏氏的暗中做下手脚，东林党人攻击阉党的努力终于失败。而魏忠贤则因杨涟、左光斗等人的参劾刺激，顿生杀意，经过与三党人物密谋，首先拿与杨涟、左光斗关系密切的前内阁中书、东林干将汪文言开刀。

天启四年十二月，魏忠贤命腹将将汪文言逮捕，交其党羽锦衣卫北镇抚司许显纯审理。意在通过汪文言，牵连出杨涟、左光斗、魏大中等东林党人，罗织罪名，一网打尽。三党人物徐大化为魏忠贤献计，认为如果仅仅定汪文言一个『移宫案』中交通他人的罪名，难以株连广大，也不易诛杀。如果定个受贿罪名，诬他个收受边疆大吏熊廷弼的贿赂，就可以行斩杀之名了。许显纯是个心毒手辣的酷吏，汪文言下狱两月，备受刑逼。一天，许显纯在酷打汪文言后，要汪招承杨涟、左光斗等人接受辽东败将杨镐、熊廷弼的贿赂。汪文言大叫『世间哪有贪赃的杨大洪（杨涟别名）啊！』斥责许显纯制造冤狱：『要我作贪污受贿的伪证，去诬陷正直清廉的君子，宁死无招。』汪文言铮铮铁骨，使许显纯无法向魏忠贤复命。于是心生毒计，活活打死汪文言，又以汪文言的名义写自供状，伪称杨涟、左光斗接受熊廷弼等二万金，魏大中等人收赃三千不等。状后按上汪文言指纹，呈送魏忠贤。

魏忠贤接呈，很快命人前去各处捕拿，杨涟、左光斗、魏大中等六人被押交锦衣卫北镇司拷审、追赃。杨涟为最先弹劾魏忠贤二十四大罪之人，为魏氏阉党恨之入骨。左光斗参与杨对魏的弹劾，而且自己草拟有魏忠贤、魏广微三十二该斩罪奏本。左光斗参魏忠贤奏本中，暗斥三党人物魏广微身为东阁大学士却自作下贱，甘为魏忠贤的门生，使广微气恼万分，有意把左光斗牵扯汪文言案中。周朝瑞、顾大章因为是魏忠贤心腹徐大化眼中的钉子，徐大化乘其机会窜其名于汪文言案中。他们都因得罪和触犯魏忠贤阉党和三党人物，被捕入狱。

杨、左六君子下狱后，许显纯屡次动用全套酷刑，迫六人招认收贿事。六人经几次施刑后已不成人形。左光斗膝下筋骨剥落，面目焦糊，眼睛肿烂不能睁。其他人均血肉翻出。在此情况下，书生气十足的杨涟劝告五人：『他们欲处死我们无非两个办法，或乘我们坚不承招，严刑打死，或谎称我们「患病」，暗中害死。同是一死，我们不如暂且屈招，等此案移交到法司定罪时，我们再翻供，讲出前后原因，或许不致于死。』杨涟的意见，得到了五人的赞同，于是六人在下次审讯时全部屈招。魏忠贤见六人松口，马上令镇抚司严行追赃，限五日之内每家交足，否则动刑。并把此案仍置锦衣卫镇抚司审理。杨涟等人，被迫之下屈打成招，家中哪有资产可以抵『赃』？而许显纯追赃火急，杨涟家人把家产变卖干净，两个儿子沿街乞讨供母亲、祖母饮食。左光斗家破人亡。魏大中之子学伊为借款抵『赃』，死于奔走之中。结果六人因款不齐，每五日被许显纯严刑拷打。六人旧疮未愈，新痂又来，直至不能站立，躺着受刑。此时六君子拼死搏命，凡一苏醒，骂不绝口。杨涟以血书于地上，『魏阉奸党，天必诛之』。

杨涟六君子下狱不长，终于难捱许显纯酷刑，皆惨死狱中。杨左六君子冤死，充分反映了无中生有之计在政治斗争中的残酷、卑劣的特征。权阉魏忠贤以及欲置东林党人于死地的三党人物，为了铲除政敌，首先凭空杜撰了一个受贿案。汪立言铮铮铁骨、誓死如归，差点使魏忠贤牵连东林党人的计划落空。党羽许显纯，可谓造假到家，先写好假招供，按上已死的汪文言手印，终于制成了赃证，就此捕拿下狱杨涟等东林六君子，以无中生有，凭空捏造而又达栽赃陷害的目的。当杨涟等人入狱后，许显纯又秉魏忠贤之意，以酷刑拷问，直至杨、左等人求死而不得，产生出屈招求生的愿望，终于拿到了生赃的证据。杨涟等人的屈招，目的是想为日后翻供保存体力，但是狡猾的魏忠贤并不把案子按明律规定交给法司，而是继续置于自己控制的锦衣卫之下。目的就是以诬证为借口，夺财杀人，一举两得。可惜六君子，自己遭戮，又连带了家庭，真正是个倾家荡产、家破人亡的千古奇冤。

結語 军争的『争』，为战争之『争』，『称兵相攻战也』。军争是两军相对而争利，有争战略战术的利点，有争财货领土的利益。孙子认为战争的胜败取决于军队的机动，即要争得有利的态势与战机，以掌握战争的主动权，获取胜利。本篇所倡导机动的用兵，如『以迂为直』，便是一大原则。在本篇中，孙子还提出了治气、治心、治力、治变的四治，作为作战指导思想和办法。『避其锐气，击其惰归』这一军事名言，也反映了战争指导思想中一些带规律性的东西。

兵法與商道 麦当劳主仆易位

克罗克原本是美国的一个穷光蛋，因家境贫寒，中学没读完就出来做工，以维持生存。后来，他在一家工厂当了推销员，一方面收入有了一定的提高，生活有了明显的改善；另一方面，也是更主要的，他在推销产品的时候走南闯北，结识了很多人，交了很多朋友，增长了见识，积累了许多经营管理方面的宝贵经验。一段时间之后，他开始不满足于为别人当雇员了，一心想创办自己的公司。

可是选择哪一行呢？他通过市场调查发现，随着人们生活节奏的加快，当时美国的餐饮业已经远远不能满足已变化了的时代的要求，亟需改革，以适应亿万美国人的快餐需求。

想归想，要把它变成现实就不是那么容易的事情了，必须为之付出努力。克罗克面临的首要难题就是资金问题，要实现鸿鹄之志没有启动资本就像是『水中月』、『镜中花』，可望而不可及。对于初出茅庐的克罗克来讲，哪有这么多的启动资金呢？

思来想去，他终于想到了一个好办法。他在做推销员工作的时候，曾认识了开餐馆的麦克唐纳兄弟，自己倒不如凭双方交情先进入其内部学习，以最终实现自己的伟大抱负。

主意已定，他找到了麦氏兄弟，对其进行了一番赞美之后，话锋一转，开始讲述自己目前的窘境，待得到对方的同情后，就不失时机地恳请麦氏兄弟无论如何要帮他这个忙，答应他留在餐馆打工，哪怕是当一名跑堂的小伙计也行，否则，他的日常生活将面临危机。

在过去一段时间的接触中，克罗克深知这两个老板的心理特点。为尽早实现自己的远大目标，他又主动提出在当店员期间兼职原来的推销工作，并且把推销收入的5％让利给老板，麦氏兄弟看到有利可图且又考虑到眼下店里确实人手不足，就十分爽快地答应了他的要求。

克罗克进入快餐店之后，很快就掌握了其实力与条件。为取得老板的信任，他工作非常勤奋，起早贪黑，任劳任怨；他还多次建议麦克兄弟改善营业环境，以吸引更多的顾客；并制定出配制份饭、轻便包装、送饭上门等一系列极具建设性的经营方法，以扩大业务范围，增加服务种类，获取更多的利润；他还提议在店堂里安装音响设备，使顾客更加舒适地用餐；还大力改善食品卫生，提高饮食质量，以维护服务信誉；认真选拔店堂服务员，尽量雇佣动作敏捷、服务周到的女孩子当前方招待；而那些牙齿不洁、相貌平常的人则被安排到后方工作，做到人尽其才，这样就确保了服务质量，从而更好地招待顾客。当然，他的每一项改革都让老板感到满意，因为，他的言谈举止总是表现得十分坦诚，值得可信赖，给人们留下谦虚谨慎的极好印象。由于他经营有道，为店里招揽了不少顾客，生意越做越好，老板对他更是言听计从，百依百顺。这时候，餐馆名义上仍是麦氏兄弟的，但实际上的经营管理、决策权完全落入到克罗克的手中。这一切，正是通向克罗克最终目的的铺路石，可惜两位老板一直蒙在鼓里，对此并无丝毫戒心，甚至还在暗自庆幸当时留下克罗克的决策。

不知不觉，克罗克已在店里呆了六个年头。他已经羽翼丰满，翅膀越来越硬，展翅高飞的时机日趋成熟，就暗暗加快了行动步伐，他通过各种渠道筹集到了一大笔贷款。

该与麦氏兄弟摊牌了。他知道两位老板素来喜欢贪图眼前利益，为一时之需常常会忘记原来最基本的要求。为此，克罗克做好了谈判前的思想准备。

1961年的一个晚上，克罗克和麦氏兄弟进行了一次很艰难的谈判。起初，克罗克先提出比较苛刻的条件，对方坚决不答应。克罗克稍作让步之后，双方又经过激烈的讨价还价，最终克罗克以270万美元的价格，买下麦氏餐馆，由他独自经营。麦氏兄弟尽管心存种种忧虑与不安，但面对这么诱人的价格，他们终于动心了。双方于是达成协议，并很快进行了产权交割，办理了相关移交手续。

第二天，餐馆里发生了引人注目的主仆易位的事件，店员竟然炒了老板的鱿鱼，这在当时可以说是当地一特大轰动新闻，引起了巨大的效应，而快餐馆也因此深入人心，大大提高了其在美国的知名度。克罗克入主快餐馆之后，经营、管理更加出色，很快就以崭新的姿态享誉全美，在不长的时间内，270万美元就全部赚了回来。又经过20多年的苦心经营，其总资产已达42亿美元，成为世界十大知名餐馆之一。

克罗克的成功，就在于他熟悉麦氏兄弟的脾气性格，仅以让利5%就轻易进入了麦氏快餐馆；随后通过长时间潜移默化的影响，对老板的刻意奉迎，换取了信赖，使兄弟俩认为他处处为自己着想，感到双方利益一致，就自动消除了对他的猜忌，愉快地接受了他的多种建议。而经过逐步渗透、架空，老板已经『名存实亡』。而老板对这一切都未察觉，正犯了『不知诸侯之谋者，不能豫交』的兵家大忌。

珠宝店假象轰动全城

从前，在美国肯塔基州的一个小镇上，有一家格调高雅的餐厅。店老板发现每到每星期二生意总是格外冷清，门可罗雀。又到了一个星期二，店里的客人还是寥寥无几。店老板闲来无事，随便翻阅起了当地的电话号簿。他发现当地竟然有一名叫约翰·韦恩的人，与美国当时的大明星同名同姓，这个偶然的发现，使他的心为之一动。他立即打电话给这个约翰·韦恩说，他的名字是在电话号码簿中随便抽样选出来的，他可以免费获得该餐厅的双份晚餐，时间是下星期二晚上8点，欢迎他偕夫人一起来。约翰·韦恩欣然应邀。第二天，这家餐厅门口张贴一幅巨型海报，上面写着『欢迎约翰·韦恩下星期二光临本餐厅』，这张海报引起了当地居民的骚动和瞩目。

到了星期二，来客大增，创下了该餐厅有史以来的最高纪录。特别是那个晚上，6点钟还不到就有人在等着被安排座位，7点钟队伍已排到大门外，8点钟店内已挤得水泄不通。人们都想一睹约翰·韦恩这位巨星的风采。过一会儿，店里的扩音器广播说：『各位女士，各位先生，约翰·韦恩光临本店，让我们一起欢迎他和他的夫人。』霎时，餐厅里鸦雀无声，众人的目光一齐投向大门口，哪知道那儿竟站着一位典型的肯塔基州老农民，身旁站着一位同他一样不起眼的夫人。原来这位矮小的老兄就是约翰。店老板非常尴尬、惶恐，感到这个安排太荒廖、离谱，但就在这时，人们顿时明白了这是怎么回事，于是在寂静了一刻之后，突然爆发出掌声与欢笑声，客人们簇拥着约翰夫妇上座，并要求与他们合影留念。

从此以后，店老板又陆续从电话号码簿上寻找一些与名人同名的人，请他们星期二来晚餐，并出示海报，普告乡亲。于是，『猜猜谁来晚餐』，『将是什么人来晚餐』的话题，给生意清淡的星期二带来了高潮。

无独有偶，在英国的伦敦，有一家小型的珠宝店，开张伊始店老板就扬言，要取得令同行们刮目相看的经营业绩。然而，4年以来，因经营不善，濒临倒闭，同行们都讥讽他是『癞蛤蟆想吃天鹅肉』。店老板真是走投无路，冥思苦想着改善困境的对策。

机会终于来了。1985年，查尔斯王子与黛安娜王妃要举行婚礼，一时成为轰动英国以至全世界的新闻。黛安娜王妃容貌绝伦、仪态超群，让绝大多数英国人为之仰慕。倾倒，她甚至成了众多青年人崇敬的偶像。店老板想，如果能抓住这个千载难逢的机会，利用公众对王子王妃婚礼盛典的关注心理，导演一出虚假而又逼真的广告活剧，必定能让自己的珠宝店摆脱困境，大发其财。

于是，他到处搜寻长得像黛安娜王妃的年轻女子。历经艰苦，终于被他找到了一个相貌酷似黛安娜的时装模特。他花重金聘用这个模特，对她从服饰、发型到神态、气质都煞费苦心的做了模仿训练。待到看不出破绽之后，店老板就向电视台记者发出了暗示：明晚将有英国最著名的佳宾光临自己的珠宝店，采访这条新闻的条件就是电视片中不得加入解说词。

第二天晚上，这家珠宝店灯火辉煌，店老板衣冠一新，神采奕奕地站在店门口，像是要恭候大人物光临。此举顿时吸引得许多过往行人驻足观望。不一会儿，一辆豪华的轿车缓缓地驶到了门口，车一停下来，店老板就立即走上前去彬彬有礼地打开了门。那位相貌酷似黛安娜王妃的模特从容地从车上走下来，嫣然一笑，还向聚拢来的行人点头致意。有人喊了一声：『看，黛安娜王妃。』众人真的以为是黛安娜王妃来了，不及辨别就蜂拥而上，争相一睹黛安娜王妃的风采，挤到前头的青少年还为吻上了『黛安娜王妃的手』而得意非常。电视台的记者不敢怠慢，连忙打开录像机频频摇动，警察怕影响『王妃』的活动，急忙过来维持秩序。

店老板此时更是从容不迫，首先感谢『王妃』的光临，随后笑容可掬地引她参观，店员们按照老板的吩咐，相继介绍项链、耳环、钻石等名贵饰品，『黛安娜王妃』则面露欣喜，边挑边称赞。

第二天，电视台播放了这个以假乱真的新闻录像，因受老板的关照，被蒙在鼓里的记者，把它拍成了『默片』，从始至终没有一句话和一句解说词。屏幕上出现的只是热烈非常的场面和珠宝店的店客。这一下震动了伦敦全城，人们纷纷传播这个重要的新闻，原来不知道这家珠宝店的人们不住地询问这家珠宝店的地址，都想在『黛安娜王妃』来过的珠宝店里买一件首饰当作礼品送人。

青年人，黛安娜迷们爱屋及乌，络绎不绝地跑来抢购『黛安娜』所喜爱的各种首饰。

原来生意清淡、门可罗雀的小珠宝店，一时间门庭若市，生意兴隆，叫老板和店员们应接不暇。短短的一个星期，这家珠宝店就获利10万英镑，超过开业4年来的总和。这则消息传到白金汉宫，惊动了英国皇室，皇家发言人立即郑重地发表声明：『经查日程安排，王妃没有去过那家珠宝店。』

皇室要求法院判处那家珠宝店的老板犯了诈骗罪。发了大财的珠宝店老板却振振有词地辩解：『电视片中没有一句话，我也没有说佳宾是黛安娜，这在法律上不能构成犯罪，至于围观的公众「想当然」地把她当成王妃，我是没有办法阻止的。』

珠宝店老板利用假王妃，大肆制造社会新闻，使得伦敦全城沸沸扬扬。与前面那位餐厅的老板一样，珠宝店老板的方法充分体现了《孙子兵法》中所讲的『以迂为直，以患为利』的思想，从不利的境地中走出来，珠宝店也因此柳暗花明，绝处逢生。

珠宝店老板深知黛安娜王妃在英国公众心目中的权威性，所以请来一位模特扮演成王妃，光顾他的珠宝店，又巧妙地通过电视台加以宣传，从而大大提高了他的珠宝店的知名度与美誉度，吸引来众多的顾客，实现了预期的宣传效果，扩大了销售。

这种手段，从道德上说，有愚弄公众之嫌，不宜提倡，但是，如果能正确地在商业活动中利用权威效能，则是值得赞扬的。

同外国人做生意要团结

事实上，在我国外贸体制不完善的条件下，由于各地区在对外进出口过程中，多头对外，竟相削价，互相拆台，甚至有的企业为了挣得些许外汇，竟不惜血本地压价，而无视全局的利益，给国家和企业造成损失的事例屡见不鲜。上海有家公司，以每公斤6.8美元的价格向欧共体市场出口糖钠，由于该产品质量可靠，价格合理，公司守合同、讲信誉，该公司出口糖钠在欧共体已经有了较稳定的市场，为相当部分客户所认同，为国家挣得不少外汇。后来天津和江苏两家公司看到出口糖钠有利可图，也想趁机捞一把，于是两公司使出浑身解数，调动各种关系，争先恐后地去电致函外商，了解有关贸易信息，洽谈有关交易条件。

先是天津某公司出价为每公斤5.4美元，江苏某公司也不甘示弱，为争得客户，不惜血本，进一步将价格压低到每公斤5.07美元。双方同室操戈，相互残杀，使得外商们得以悠然自得地『隔岸观火』，待时机一到，外商很快撇开上海与天津两家公司，与江苏某公司达成为数65吨的交易，从而轻松地从中渔利压价十万美元。事情发展到这时，尚未结束。据欧共体市场反倾销法规定：如果每公斤糖钠售价低于6.8美元，就要向卖方征交一定数量的『反倾销税』，税率高得让人咋舌，为此，江苏省某公司『偷鸡不成蚀把米』，又被迫征了一大笔税金，教训惨痛。

这个肥水流入外人田的惨痛教训告诉我们：同室操戈只能是两败俱伤，最终给共同的谈判对手提供坐收渔利的机会。兄弟同仁应该联手对外，不能急于相煎，为此各方应及时沟通信息，力求避免相互残杀。

手足相煎渔人得益

1986年，珠海光纤公司在引进光导纤维成套设备的过程中，为掌握国际市场行情，先后同几家国外公司进行摸底性谈判。在对价格、利益做了一番认真比较的基础上，最后选定和美国ITT公司进行实质性谈判。

ITT代表团的业务能力相当高明，特别是他们的主谈判手莫尔，谈判几乎不用语言，全用数字，所有计算无一差错，看来在谈判之前是做了大量充分准备的。再看我方代表，并未被对方的盛气凌人所吓倒，没有表现出任何被动，为了以最优惠的价格条件达成协议，他们计胜一筹，欲巧妙地利用竞争者之间的矛盾来突破对方的叫价。

珠海光纤公司通过前一阶段调查摸底中发现，想同中国做光纤生意的外商很多，存在着一定程度的竞争，在短时期内完全是买方市场。于是他们决定利用这种竞争来压价，以实现自己的谈判初衷。

在确定与ITT公司谈判之后，还同时找了英国的STC公司谈判。这两家是兄弟公司，其中STC是从ITT分离出去的，但为了各自的利益，手足相煎，形同水火。在一次谈判后，英国人故意将两页文件遗忘在现场，这是有意留给美国人的，因为两家公司一直在同一场所与中方谈判，英国人在文件上把价格压得很低，意在迫使美国人看后知难而退。

美国人不知是计，拾到文件后如获至宝，在接下来的谈判中，最大限度地在价格上做出了让步，并很快和中方达成协议。

1986年7月25日，珠海特区光纤公司与美国ITT公司正式在一份合同上签了字。根据这份合同，光纤公司引进的ITT型光纤成套设备和购买的技术专利都达到了世界80年代先进水平，更为引人注目的是中方把美方的报价压下了186万美元，给国家节约了一大笔外汇开支，同时也降低了设备购进成本，为企业早日盈利纳税创造了前提条件。

珠海光纤公司关于引进光纤成套设备进行商谈取得巨大成功的关键在于其较好地、适时地运用了『隔岸观火』之技巧，使美ITT公司与英国STC公司手足相煎，竞相压价，给我方低价买进提供了可乘之机，最终得以坐收渔利。